ANNO DOMINI
Das christliche Jahrbuch

Anno Domini

Das christliche Jahrbuch

2024

32. Jahrgang

Agentur des Rauhen Hauses Hamburg

www.agentur-rauhes-haus.de

Begründet von Hans-Heinrich Holm †
Herausgeber: Robert Huefner

Gedruckt in Deutschland
ISBN 978-3-7600-6032-3
Best.-Nr. 16032-3

Inhalt

Alles,
was ihr tut,
geschehe in
Liebe.
1. Korinther 16,14

Gedanken zur Jahreslosung 2024

Im ersten Moment klingt die Jahreslosung sehr nach kirchlichem Mainstream. „Seid nett zueinander!", und dann noch illustriert mit fröhlich-bunten Farbklecksen und Buchstaben, wie hingeworfen. Auf den zweiten Blick stutze ich. Ins Bild hineingetupft sind zwei Symbole: das Herz – gängiges weltliches Zeichen für Liebe; und das Kreuz – christliches Symbol für die große Liebestat des Erlösers. Doch im Kreuzsymbol verborgen ist auch tiefe vorösterliche Finsternis, und was das Herz betrifft: Gibt es nicht auch das gebrochene Herz?

Wovon reden wir, wenn wir von Liebe reden? Von Zuneigung und Wertschätzung, aber auch von ihrer Begrenztheit, von Beziehungsstörungen. Um solche ging es schon Paulus, als er die in sich zerrissene junge Christengemeinde in Korinth zur Liebe mahnte.

Paulus ist überzeugt: Die Liebe ist die kritische Instanz für alles andere. Denn die Liebe treibt mich von mir selbst weg und zu(m) anderen hin und damit in die Welt hinaus. Sie verwehrt es mir, mich gegen Andersdenkende abzuschotten. Sie lässt mich nüchtern sehen, dass alles, was ich tue oder lasse, Folgen hat. So ist sie immer die Basis einer Ethik der Verantwortung. Die Liebe stellt keine Kosten-Nutzen-Rechnungen auf, noch macht sie sich abhängig. Sie kann nicht anders, als sie selbst zu sein.

Und im Licht dieser Gedanken lässt sich auch in unserem Bildmotiv etwas davon erkennen. Die Farbkleckse sind kein Durcheinander, sondern ein Miteinander: Blau mit Grün, Gelb mit Orange, Pink mit Violett. Jeder Klecks bleibt ein Klecks, und doch bilden sie alle im Zusammenspiel ein gemeinsames neues Ganzes – in den Farben des Regenbogens.

Markus Engelhardt

Januar

Befiehl dem Herrn
deine Wege
und hoffe auf ihn,
er wird's wohlmachen.

Psalm 37,5

Was wird sein?

Von echten und falschen Propheten

Was ist ein Prophet? In unserem heutigen Sprachgebrauch versteht man darunter einen Menschen, der in die Zukunft blicken kann. Nichts anderes bedeutet auch die griechische Herkunft des Wortes: „pro phēmi", „vorausschauen". Seit ehedem ist der Mensch begierig, vorab zu erfahren, was in der Zukunft geschehen wird. Zugleich haftet jedem, der behauptet, hierüber Auskunft geben zu können, sogleich das Rüchlein der Scharlatanerie an. Und wenn heutzutage eine Vorhersage, selbst wenn sie auf seriöseste wissenschaftliche Art zustande gekommen ist, als „Prophezeiung" bezeichnet wird, dann ist das eher abwertend zu verstehen. In Begriffen wie „Kaffeesatzleserei" kommt diese Unterstellung des Hokuspokus noch deutlicher zum Ausdruck.

Diese Skepsis ist nicht nur ein Erbe der Aufklärung. Schon in der Antike wurden prophetische Aussagen immer auch argwöhnisch betrachtet. Andererseits leisteten sich Herrscherhäuser und Priesterkollegien im Mittelmeerraum und im Vorderen Orient Astrologen und Wahrsagerinnen, Experten für Vogelflug und Spezialistinnen für Eingeweideschau – immer mit dem Ziel, etwas über die Zukunft zu erfahren oder einen verborgenen göttlichen Plan zu ergründen. Am bekanntesten ist sicherlich das berühmte Orakel von Delphi. Vom achten vorchristlichen Jahrhundert an haben Ratsuchende aus der ganzen damals bekannten Welt über einen Zeitraum von über 1000 Jahren das Heiligtum aufgesucht. Erst 391 n. Chr. wurde sein Betrieb infolge eines Edikts des christlichen Kaisers Theodosius eingestellt.

Von unserem heutigen Verständnis, was ein Prophet ist, muss sich komplett lösen, wer sich mit den Schriften der Bibel beschäftigt.

So hat sich das 19. Jahrhundert das Orakel von Delphi vorgestellt: Pythia auf dem dreibeinigen Stuhl, umringt von Priestern, im Vordergrund kauernd die Ratsuchenden. Ölgemälde von Camillo Miola, einem Spezialisten für orientalische Sujets, 1880

Die Propheten, die in den Geschichts- und Prophetenbüchern auf die Bühne treten, dienen in erster Linie als Sprachrohr des einen, wahren Gottes. Übrigens sind Frauen hier ausdrücklich eingeschlossen. In der fraglos partriarchalisch geprägten Welt des Alten Testaments tauchen auch Personen wie Mirjam, Debora und Hulda auf, die in den Schriften als Prophetinnen bezeichnet werden.

Prophetisches Wirken im antiken Orient zeigt sich in unzähligen Ausprägungen. Die Religionsgeschichte differenziert zwischen Prophetie mit Hilfsmitteln (wie schon skizziert: von der Eingeweideschau bis zur Sterndeutung) und der Prophetie ohne Hilfsmittel. Genau auf diese Unterscheidung macht die Bileam-Geschichte im 4. Buch Mose aufmerksam: Bileam ist ein berühmter Seher, der vom Moabiterkönig beauftragt wird, einen Bannfluch über das Volk Israel auszusprechen. Was ihm nicht gelingt, denn Gott legt ihm lauter Segensworte in den Mund. „Als nun Bileam sah, dass es dem Herrn gefiel, Israel zu segnen, ging er nicht wie bisher auf Zeichen aus" – das heißt: Ab sofort verzichtet er auf den Einsatz prophetischer Hilfsmittel. „Und der Geist Gottes kam auf ihn, und er hob an mit seinem Spruch" – das heißt: Gott spricht unmittelbar durch Bileams Mund (4. Mose 24,1-3).

An mehreren Stellen beschäftigen sich die biblischen Schriften mit falschen und echten Propheten und ihrer Unterscheidung. Das 5. Buch, das die jüdische Tora auslegt, enthält ein regelrechtes Prophetengesetz. Ausdrücklich warnt es die Juden davor, Praktiken fremder Völker zu übernehmen, „dass nicht jemand unter dir gefunden werde, der seinen Sohn oder seine Tochter durchs Feuer gehen lässt oder Wahrsagerei, Hellseherei, geheime Künste oder Zauberei treibt oder Bannungen oder Geisterbeschwörung oder Zeichendeuterei vornimmt oder die Toten befragt. Denn wer das tut, der ist dem Herrn ein Gräuel" (5. Mose 18,10-12).

Ein falscher Prophet ist übrigens auch, wer „ein Zeichen oder Wunder ankündigt und das Zeichen oder Wunder trifft ein, von dem er dir gesagt hat, und er spricht: Lasst uns andern Göttern folgen ..." (5. Mose 13,2). Die Echtheit eines Propheten ist also nicht unbedingt daran festzumachen, ob eine Prophezeiung eintritt oder nicht, sondern ganz allein an ihrer Bindung an den einzigen, wahren Gott Israels.

Die „Prophetie in der Bibel", die uns als Jahresthema durch die folgenden Monate begleiten soll, ist ein weites Feld oder, um ein schöneres Bild zu verwenden, eine Parklandschaft – viel zu weitläufig, als dass man sie in zwölf knappen Beiträgen kartografieren könnte. Vielmehr wollen wir uns zu einem Parkspaziergang auf-

Die Propheten Jona, Daniel, Jeremia und Jesaja. Vorhalle des Paradieses der Kathedrale von Ourense im spanischen Galicien, erste Hälfte des 13. Jahrhunderts

machen, wobei die Autorin mal schneller, mal langsamer gehen wird, hier ein Gehölz und dort eine Blumenwiese betrachtend; sie wird auf einer Bank Platz nehmen, um einen Ausblick länger zu genießen, und mitunter auch noch einmal ein paar Schritte zurückgehen. Unterwegs mit leichtem Gepäck – Bibelnachweise werden, wo nötig, eingefügt und, wo möglich, weggelassen. Die Auswahl der Themen und der behandelten Prophetenpersonen und -bücher folgt der persönlichen Neigung. Ist das Interesse einmal geweckt, mag jedermann und -frau sich tiefer in auf selbst gewählten Pfaden tiefer in die Thematik versenken.

Regine Collien

Der Horizonte violettes Schweigen

Wintergedicht

Der blaue Schnee liegt auf dem ebenen Land,
Der Winter dehnt. Und die Wegweiser zeigen
Einander mit der ausgestreckten Hand
Der Horizonte violettes Schweigen.

Hier treffen sich auf ihrem Weg ins Leere
Vier Straßen an. Die niedren Bäume stehen
Wie Bettler kahl. Das Rot der Vogelbeere
Glänzt wie ihr Auge trübe. Die Chausseen

Verweilen kurz und sprechen aus den Ästen.
Dann ziehn sie weiter in die Einsamkeit
Gen Nord und Süden und nach Ost und Westen,
Wo bleicht der niedere Tag der Winterzeit.

Ein hoher Korb mit rissigem Geflecht
Blieb von der Ernte noch im Ackerfeld.
Weißbärtig, ein Soldat, der nach Gefecht
Und heißem Tag der Toten Wache hält.

Der Schnee wird bleicher, und der Tag vergeht.
Der Sonne Atem dampft am Firmament,
Davon das Eis, das in den Lachen steht
Hinab die Straße rot wie Feuer brennt.

Georg Heym

Pfennige und Silberlinge

Die Legende von den Heiligen Drei Königen

Anno 1164 ließ Friedrich Barbarossa die angeblichen Gebeine der Heiligen Drei Könige als Kriegsbeute aus Mailand abtransportieren. In Köln erhielten die Reliquien das größte Grabmal der Christenheit, so immens war ihre Bedeutung. Was nun noch fehlte – eine kohärente Lebensgeschichte der Heiligen Drei Könige, die die verstreuten Legenden bündelte –, wurde später nachgereicht. Zur Zweihundertjahrfeier der Reliquientranslation beauftragte ein Kölner Domherr den Karmelitenmönch Johannes von Hildesheim mit einer „Historia trium regum" – zu Deutsch: „Geschichte der Drei Könige". Als eine der einflussreichsten Großerzählungen des ausgehenden Mittelalters erhöhte die dreifache „Biografie" den Bekanntheitsgrad der Reliquien und mehrte damit auch den Ruhm des großen Pilger- und Wallfahrtszentrums Köln.

Die „Historia" verdankt sich zahlreichen biblischen und nichtbiblischen Quellen und einer blühenden Fantasie und Fabulierlust ihres Verfassers. Geschickt flicht er rote Fäden in das lose Gewebe biblischer Texte. Die „dreißig Pfennige von Gold" zum Beispiel, die König Melchior dem Jesuskind zum Geschenk macht, stammten ursprünglich von Abraham. Der bezahlte, so die „Historia", mit dem Geld seinen Acker. Die Söhne des Ackerverkäufers gaben es weiter an Josefs Brüder – im Tausch gegen Josef, den sie nach Ägypten mitnahmen. Der Verkaufserlös selbst gelangte nach Ägypten, weil die Brüder dort wegen einer Hungersnot im Heiligen Land Lebensmittel einkauften. Dort landeten die Münzen im königlichen Schatz Melchiors. Dessen Geschenk ans Jesuskind nimmt Maria an sich, verliert es aber auf der Flucht nach Ägypten. Dort findet es

Könige oder Weise? Auf diesem römischen Sarkophag sind es (ungekrönte) Sterndeuter, die dem Jesuskind Geschenke bringen. Relief aus dem 4. Jahrhundert

ein Hirte im Wüstensand. Er wird aussätzig, sucht nach Hilfe und wird von dem nunmehr erwachsenen Jesus geheilt. Seinen kostbaren Fund opfert er zum Dank im Jerusalemer Tempel. Nun ist er Teil des Tempelschatzes, auf den nur die Hohepriester Zugriff haben. Sie entnehmen die Münzen, die nun Silberlinge heißen – aber in Wirklichkeit aus Gold sind, wie die „Historia" versichert –, und entlohnen Judas, damit er Jesus verrate, und so weiter und so fort. Die „Historia" verwandelt also ein eher episodisches Geschehen, nämlich den Auftritt der Könige an der Krippe, in ein Bindeglied der Heilsgeschichte, die sich nach damaliger Lesart im Alten Testament ankündigt und im Neuen Testament erfüllt.

Freilich „argumentiert" Johannes von Hildesheim nicht nur mit der Bibel, sondern auch gegen sie. Zwar orientiert er sich deutlich am Matthäusevangelium, aber dort ist bekanntlich nicht die Rede von

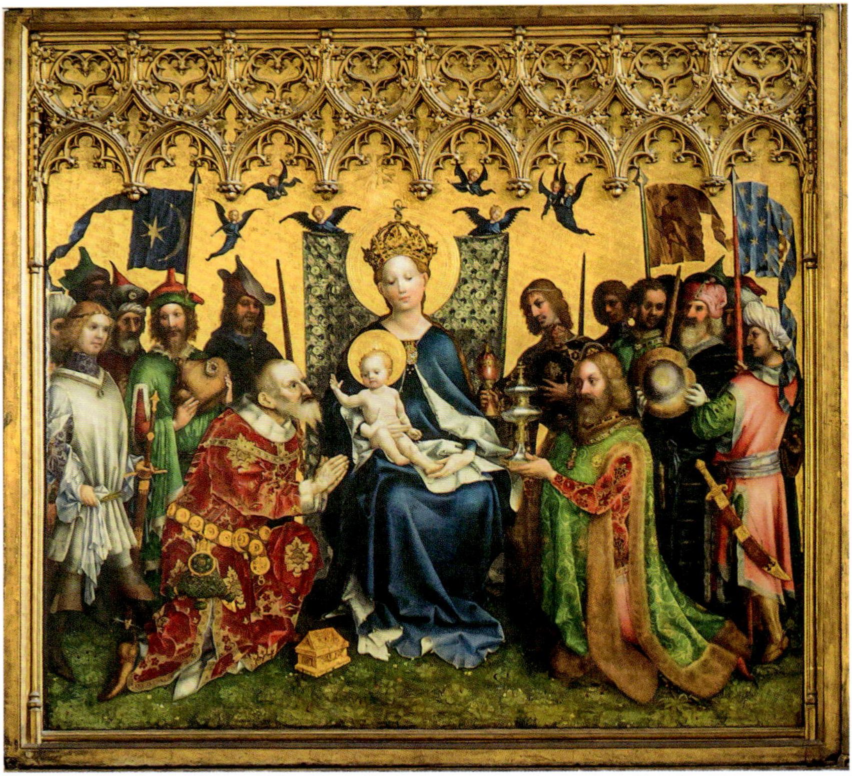

Stefan Lochner, Anbetung der Könige. Mitteltafel des sogenannten Dombilds in der Marienkapelle im Kölner Dom, um 1440

drei Königen, sondern von einer ungenannten Anzahl weiser Männer oder Sterndeuter aus dem Morgenland. Die „Historia" übergeht Matthäus an dieser Stelle und behauptet schlankweg: „Ohne allen Zweifel waren sie herrliche, reiche und mächtige Könige." Mit dieser Setzung erfährt Barbarossas Königsherrschaft 200 Jahre später noch einmal eine sakrale Beglaubigung – was einen erheblichen Eingriff in die Befugnisse Roms bedeutet haben muss.

Sakral beglaubigen kann nur, wer der christlichen Kirche angehört. Die drei Könige aber stammten der „Historia" zufolge aus dem heidnischen Reich der „Indier". Woher kam dann das Attribut „heilig"? Heiliggesprochen hatte sie damals niemand (und sie sind es bis heute nicht). Um das Problem zu lösen, werden sie in der „Historia" kurzerhand getauft. Thomas, einer der Jünger Jesu, der als Apostel nach Indien entsandt ist, begegnet den drei Königen und löst mit ihrer Taufe ein veritables Pfingstereignis aus: „Da wurden die Könige mit dem Feuer des heiligen Geistes erfüllt ... Und Alles, was die Könige predigten und verkündigten, das bestättigte und erläuterte Thomas aus der heiligen Schrift. Und umgekehrt, Alles, was Thomas, von der Marter, Auferstehung, und Himmelfahrth des Herrn, den Völkern verkündigte, das haben die drei Könige mit seiner heiligen Kindheit bestättigt, die sie mit ihren eigenen Augen geschauet hatten." Der Augenschein beglaubigt die Schrift, die Schrift den Augenschein – wer wollte da noch die Authentizität des Geschilderten anzweifeln?!

Wer die „Historia" lesen möchte, dem ist die deutsche Fassung zu empfehlen, die Gustav Schwab 1822 ediert hat und nach der hier zitiert wurde. Schwab hat die mittelalterliche Vorlage zwar „modernisiert", zugleich aber mit einer sprachlichen Patina überzogen, die seine Leserschaft nie im Zweifel lässt, dass es sich hier um einen uralten Text handelt. Allein die Beschreibung der mühsamen Reise der Könige (durch „schröckliche Sümpfe, die tief und grässlich waren") ist Lesevergnügen pur! Und damit ist noch nichts gesagt über die Wirkmächtigkeit der „Historia": ihre deutlichen Spuren, die sie in der (Legenden-)Dichtung oder in bildlichen Darstellungen der Könige an der Krippe hinterlassen hat. Auch das reiche Brauchtum, das sich rund um die Heiligen Drei Könige entwickelt hat, wurde durch die „Historia" in seiner Bedeutung bestätigt.

Nun, am 6. Januar, ziehen sie wieder los: die Sternsinger, verkleidet als Caspar, Melchior und Balthasar.

Robert Huefner

Früher ...

Gedanken zum neuen Jahr

Früher hatte es jeden Winter so viel Schnee, dass man nur mit Skiern zur Schule kam. Und im Sommer war der Himmel wochenlang so blau, dass die Augen schmerzten.

Das behauptet zumindest mein Vater.

Früher hatte man viel mehr Zeit, miteinander zu reden. Und Briefe hat man bekommen, handgeschrieben und in Schönschrift.

Sagen Leute meines Alters.

Früher haben wir in den Ferien jeden Tag ein Eis gekriegt. Und wir durften den ganzen Tag auf dem Spielplatz bleiben.

Sagen die Kinder meiner Nachbarn.

Klar, früher war schon immer alles besser.

Bis eben auf die kleinen Annehmlichkeiten heute wie das Telefon, die Gleichberechtigung, die Meinungsfreiheit, die Hokkaidokürbisse, die Popmusik und das Internet.

Wenn mein Vater ins Erzählen kommt, wird klar, dass er den vielen Schnee und den blauen Sommerhimmel deshalb in so guter Erinnerung hat, weil er mit seinem besten Freund so viel Zeit im Freien verbracht hat. Und die Wehmut angesichts der alten handgeschriebenen Briefe und der verquatschten Sonntagnachmittage mit der besten Freundin packt unsereins ja vor allem dann, wenn mal wieder niemand Zeit hat und wir von SMS und AB-Aufsprüchen leben. Kindern fallen die verklärten Ferien-Erinnerungen immer dann ein, wenn sie wegen des Wetters längere Zeit mit sich selber klarkommen müssen und niemanden zum Spielen haben.

Oder andersherum – auch Gleichberechtigung, Kürbisse und Popmusik wären nichts wert, wenn ich sie nicht mit anderen teilen könnte.

Gut, wenn wir jemanden um uns haben, mit dem oder mit der wir alles teilen können. Gut oder vielleicht noch besser ist die Zusage Jesu: Siehe, ich bin bei euch alle Tage bis ans Ende der Welt. Da kann der Himmel blau sein oder die Welt tief verschneit – das gilt, immer.

Ute Niethammer

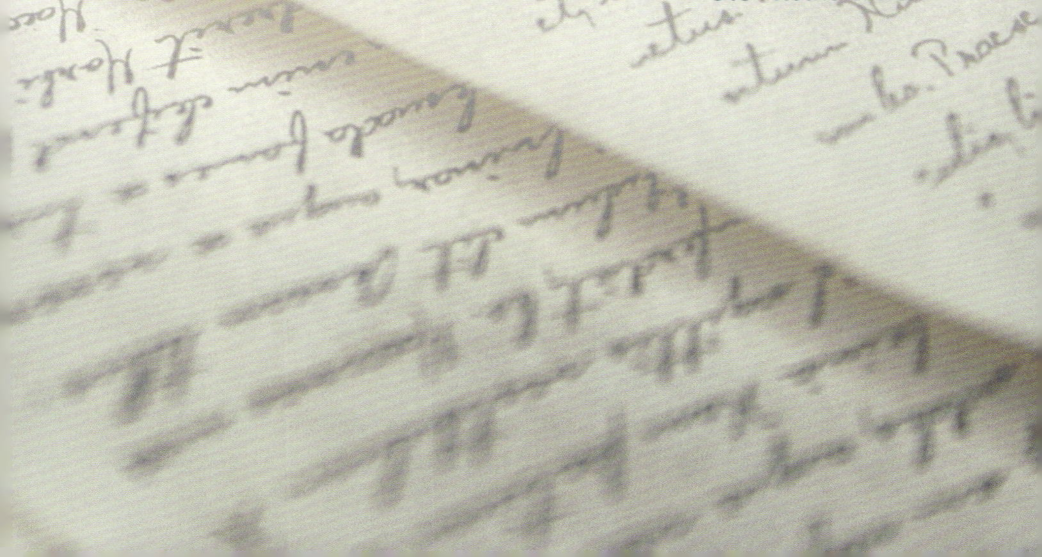

Februar

Herr, ich habe lieb
die Stätte deines Hauses
und den Ort,
da deine Ehre wohnt.

Psalm 26,8

Freischaffende und Angestellte

Prophetentypen in Israel

„Ein Prophet gilt nirgends weniger als in seinem Vaterland und in seinem Hause", sagt Jesus im Matthäusevangelium. Mit dieser Selbstcharakterisierung stellt er sich in die Abfolge der Propheten, deren Wirken in den Büchern der Bibel dokumentiert ist. Sie sind Außenseiter, Hirten oder Bauern. Autorität verleiht ihnen allein ihre Berufung durch Gott, und sie bieten permanenten Anlass für Aufregung. Sie sind meist unbequem, weil sie unbequeme Botschaften übermitteln.

Es liegt in der Natur der Sache, dass sie dabei häufig mit fest angestellten Berufskollegen in Konflikt geraten. Im Buch Jeremia prophezeit ein allzu optimistischer Heilsprophet namens Hananja („Gott ist gnädig") unter Berufung auf Gottes Wort den baldigen Untergang Babylons und die Rettung Judas. Der Prophet Jeremia aber spricht ihm die göttliche Legitimation kurzerhand ab und kündigt ihm an, dass er nicht mehr lang zu leben habe. Beide Prophetien geschehen unter Berufung auf Gott. Kurz darauf stirbt Hananja, und die späteren Ereignisse bestätigen: Der Gerichtsprophet Jeremia sollte Recht behalten.

In wessen Interesse Hananja gesprochen hat, bleibt ungesagt. Möglicherweise war er ein Tempelprophet. Zu dieser Prophetengruppe gehören auch die biblischen Propheten Noel, Nahum und Habakuk. Tempel- bzw. Kultpropheten sind Teil des staatlich finanzierten Beamtenapparats. Von ihnen wird man kaum Kritik an hausgemachten Zuständen erwarten. Nahum zum Beispiel widmet seine Prophetie ausschließlich der fremdgläubigen Stadt Ninive und ihrem Untergang. Tempelpropheten sind üblicherweise

Einsam und abseits von jeder Zivilisation empfängt der Prophet Jeremia die Vision von einem erwachenden Zweig und einem siedenden Kessel. Abbildung aus dem Augsburger Wunderzeichenbuch, 1552

an ein Heiligtum gebunden und dem dortigen Priester untergeordnet. Im Berufungskapitel des 1. Samuelbuchs erfahren wir, dass „der Knabe Samuel dem Herrn diente unter Eli" (3,1). Eli ist Priester an der Stiftshütte im zentralen Heiligtum von Silo, das heißt, wir begegnen dem jungen Samuel zum ersten Mal, als er noch in der Ausbildung zum Tempelpropheten ist. Später bewegt er sich in auffallender Nähe zu König Saul, den er auch gesalbt hat. Doch für einen Hofpropheten ist er ein allzu unabhängiger Geist.

Hofpropheten stehen im Dienst von Herrschern. Ähnlich wie Tempelpropheten haben sie eine systemstabilisierende Funktion. Sie stehen im Verdacht, die Interessen ihrer jeweiligen Vorgesetzten zu vertreten. Häufig erweisen sie sich, ohne dass dies ausdrücklich gesagt wird, als falsche Propheten. Was man von ihnen zu halten hat, stellt das 1. Buch der Könige auf ironische Weise dar. Hier überlegen die Könige von Juda und Israel, ob sie in den Krieg ziehen sollen. Ahab, König von Israel, trommelt seine Hofpropheten („etwa vierhundert Mann“) zusammen. Doch ist ihre Auskunft so vage, dass der König von Juda sich erkundigt: „Ist hier kein Prophet des Herrn mehr, dass wir ihn befragen?“ Doch, erwidert Ahab, da sei noch ein gewisser Micha, aber der predige nur Unheil. Micha wird vorgeladen. Die Weissagungen der 400 Königspropheten – ausgesprochen ausdrücklich unter Berufung auf Gottes Wort – erweisen sich nun als „einmütig gut für den König“, sodass Micha eingeschärft wird: „So lass nun auch dein Wort wie ihr Wort sein und rede Gutes.“ Micha allerdings bleibt seinem Ruf als Unheilsprophet treu und erklärt das Gerede der Vierhundert mit einem „Lügengeist“. Der sei in den Mund dieser Propheten gefahren und solle den König betören. Micha wird eingekerkert – ein Los, das er mit vielen aufrechten Propheten teilt –, König Ahab stirbt in der Schlacht.

Das Überbringen unangenehmer Botschaften war schon immer eine heikle Aufgabe. Propheten haben viel zu erleiden. Aus ihrem Alltag herausgerissen, lassen sie alles zurück und gehen in die Fremde, wo ihnen allzu oft Misstrauen und Feindseligkeit entgegenschlagen. Was treibt sie an, über Höhen und Tiefen hinweg? – Die Gewissheit, ein Werkzeug Gottes zu sein. Die Überzeugung, auf dem richtigen Weg zu sein. Die Hoffnung, dass all die Mühen ihre Wirkung im göttlichen Plan nicht verfehlen werden und Gott am Ende alles gut macht.

Regine Collien

Im Zeichen der Liebenden

Am 14. Februar ist Valentinstag

Im Mittelalter galt der heilige Valentin als Schutzpatron gegen die Fallsucht, die Epilepsie, auch als Valentinskrankheit oder Valentinsplage bezeichnet. Der Name Valentin wurde gedeutet als „Fall nit hin". Zur Heilung der Pilger wurde die Hirnschale des Heiligen eingesetzt. Der Genuss von Valentinswasser sollte gegen die „fallende Sucht" helfen.

Der Valentinstag, der 14. Februar, galt im Mittelalter vor allem als Unglückstag, denn an ihm sollte der Verräter Jesu, Judas Iskariot, geboren worden sein. Alles, was an diesem Tag geboren wurde, sollte kein Glück haben und früh sterben.

In England, Nordfrankreich und Belgien war mit dem Valentinstag eine Variante des Mailehens verknüpft: Im Mai ersteigerten unverheiratete junge Burschen für ein Jahr ein unverheiratetes Mädchen, das ihnen gefiel und das sie nun ausführen und (natürlich in allen Ehren!) als Partnerin betrachten durften. In England konnte sich am 14. Februar, an dem sich angeblich die Vögel paarten, jeder „Valentin" seine „Valentine" wählen. Entschieden wurde durch Los oder durch die erste Begegnung am Morgen. Es gehörte in den entsprechenden Kreisen zum Ritual, sich gegen-

seitig kleine Geschenke und Neckereien, besonders Gedichte, zu schicken. Die Paarbildung der „Valentinen“ galt als günstige Voraussetzung für das Zustandekommen einer künftigen ehelichen Bindung der beiden.

Das Brauchtum dieses Tages leitet sich mit ziemlicher Sicherheit nicht vom heiligen Valentin ab, auch wenn er diesem Tag seinen Namen gegeben hat und seine Legende im Lauf der Zeit mit brauchtumsstützenden Ereignissen ausgemalt wurde. Vielmehr war der 14. Februar im Mittelalter zu einem „leeren“ Tag geworden, weil das Fest, das ursprünglich an diesem Tag gefeiert wurde, vorgezogen worden war. Als Weihnachten noch am 6. Januar gefeiert wurde, fiel das Fest der Darstellung des Herrn exakt auf den 14. Februar, denn nach mosaischem Gesetz musste ein Neugeborener nach 40 Tagen in den Tempel gebracht werden. Als Papst Liberius 354 die Feier des Weihnachtsfestes auf den 25. Dezember festlegte, rückte das Fest der Darstellung des Herrn entsprechend auf den 2. Februar vor, an dem es auch heute noch gefeiert wird. Zurück blieb ein Loch, ein „leerer“, nämlich ein sinnentleerter Tag, der nach Sinnauffüllung schrie.

Vielleicht hat man sich in dieser Zeit daran erinnert, dass im heidnischen Rom das Fest des Hirtengottes Lupercus gefeiert wurde, bei dem junge Männer und junge Frauen durch Losentscheid miteinander auf Zeit verbunden wurden. Amor, der Liebesgott, stand dabei Pate. Vielleicht hat der „leere" Tag auch nur die Chance geboten, frühe Frühlingsgefühle, die in kälteren Gegenden erst im Wonnemonat auszubrechen drohen, vorzuverlegen. Niemand weiß es genau.

Von England ist dieses Valentinsbrauchtum nach Amerika gekommen. Vom englischen „Tag der Liebenden" mutierte es zu einem „Tag der Freundschaft und der familiären Beziehungen", was den Aktionskreis – und natürlich die damit verbundenen ökonomischen Möglichkeiten! – erheblich erweiterte. Allein in den USA werden zu diesem Anlass mehr als eine Milliarde Grußnachrichten versandt. Diese Botschaften der Liebe, die in England übrigens pikanterweise anonym versandt werden, heißen „Valentine greetings".

Wann genau das Valentinsbrauchtum in Deutschland eine Rolle spielte, lässt sich kaum mehr ermitteln. Spätestens seit den Fünfzigerjahren des 20. Jahrhunderts bekam der Valentinstag, ausgelöst durch die fortschreitende Amerikanisierung, in Deutschland wachsende Bedeutung. Die im Spätmittelalter in Deutschland verwendete Bezeichnung „Vielliebchentag" gibt den Sinn des Tages nicht nur trefflicher wieder als Valentinstag, sondern löst ihn auch von der historisch nicht gegebenen Verbindung zum heiligen Valentin von Terni.

Die christlichen Kirchen im deutschsprachigen Raum bieten inzwischen am Valentinstag Segensfeiern an. Liebende und Verheiratete sind eingeladen, ihre alte oder neue Liebe segnen zu lassen, unter Gottes Schutz zu stellen oder das Eheversprechen zu erneuern.

Manfred Becker-Huberti

Ritter, Luther, Dönerbude

50 Jahre Playmobil

Wenn sich alle jemals verkauften Playmobilfiguren an den Händen hielten, würde die Kette gut dreimal um die Erde reichen. Dabei war die Premiere der kleinen, wendigen Plastikmännlein auf der Nürnberger Spielwarenmesse 1974 etwas holprig: Der Großhandel war anfangs nicht recht überzeugt. Bei Kindern allerdings kamen die Klickys, wie sie zunächst hießen, sofort an.

Zunächst waren es tatsächlich nur Männlein. Ritter, Bauarbeiter, Indianer standen am Anfang. Die Annahme, Playmobil sei ein Spielzeug für Jungen, erwies sich als falsch. Alsbald zog der Hersteller mit weiblichen Figuren nach, dann Kinder, Babys, Möbel, Tiere, ganze Spielwelten – Safari, THW, Dönerbude, Puppenhaus, Raumschiff. Und natürlich auch Spezialproduktionen wie Albrecht Dürer (mit Pinsel), Goethe (mit dem „Faust" in der Hand), Schiller

Mit Playmobil wird jedes gewöhnliche Wohnzimmer zum Feen-Zauber-Märchenwald

Schöne Playmobilwelt: Da ist die Vater-Mutter-Kind-Familie noch in Ordnung …

… und Playmobilmännlein lachen in jeder Lebenslage

(mit Apfel) und, und, und. Die Martin-Luther-Figur, die vor dem Reformationsjubiläum 2017 erschien, ist mit einer Million verkauften Exemplaren der Topseller unter den Einzelfiguren.

Und die Erwachsenen? Die kriechen unters Bett oder schneiden Staubsaugerbeutel auseinander, weil die Haarschleife einer Prinzessin oder der Trinkbecher eines Handwerkers abhandengekommen ist. Übrigens erliegen auch die Großen immer wieder den Verlockungen der Playmobilwelt. Das konnte man in einer Jubiläumsausstellung studieren. Zum 30. Geburtstag der Playmobilfigur waren in Speyer im Historischen Museum der Pfalz, nicht eben kindgerecht, unter anderem eine drei Meter hohe Ritterburg und eine Napoleonische Armee mit zigtausend Figürchen zu bestaunen. Und man hat auch schon zu später Stunde, wenn die Kinder längst schlafen, Mütter, Väter und Großeltern gesehen, die selbstvergessen kunstvolle Fantasielandschaften oder dramatische Ritterszenen kreieren. Da werden Kinderträume endlich wahr.

Claudia Margraf

Geld oder Leben

Die Geschichte vom armen Schuster

Es war ein armer Schuster, der war so glücklich, dass er von morgens bis abends sang. Viele Kinder standen vor seinem Fenster und hörten ihm zu.

Neben dem Schuster lebte ein sehr reicher Mann. Der zählte die ganze Nacht seine Goldstücke. Tagsüber konnte er nicht schlafen, weil er den Schuster singen hörte.

Eines Tages lud er den Schuster ein und schenkte ihm einen Beutel voll Goldstücke. Nie in seinem Leben hatte der Schuster so viel Geld gesehen. Es war so viel, dass er Angst hatte, es aus den Augen zu lassen. Darum nahm er den Beutel mit ins Bett. Doch er konnte nicht einschlafen, weil er immerzu an das Geld denken musste. So trug er am nächsten Morgen den Beutel auf den Dachboden. Die Nacht verbrachte er, ohne ein Auge zuzutun.

Früh am Morgen holte er den Beutel wieder herunter und versteckte ihn im Kamin. Kurz darauf überlegte er: „Ich bringe das Geld lieber ins Hühnerhaus." Aber auch damit war er noch nicht zufrieden. Er grub ein tiefes Loch im Garten und legte den Beutel hinein.

Zum Arbeiten kam er gar nicht mehr. Und singen konnte er noch weniger. Und, was am schlimmsten war, die Kinder kamen ihn nicht mehr besuchen. Zuletzt war er so unglücklich, dass er den Beutel wieder ausgrub und damit zu seinem Nachbarn lief. „Bitte, nimm dein Geld zurück", sagte er, „die Sorge darum macht mich ganz krank." Danach kehrte er nach Hause zurück, nahm seine Arbeit wieder auf und sang vergnügt den ganzen Tag.

Jean de Lafontaine

Einkehr bei sich selbst

Die Weisheit des Wandsbecker Boten

Mir wird allemal wohl, wenn ich einen Menschen finde, der dem Lärm und dem Geräusch immer so aus dem Wege geht und gern allein ist. Der, denke ich denn, hat wohl ein gutes Gewissen; er lässt die schnöden Linsengerichte stehen und geht vorüber, um bei sich einzukehren, wo er bessere Kost hat und einen Tisch immer gedeckt findet. Wehe den Menschen, die nach Zerstreuung haschen müssen, um sich einigermaßen aufrecht zu erhalten! Doch wehe siebenmal den Unglücklichen, die Zerstreuung und Geschäftigkeit suchen müssen, um sich selbst aus dem Wege zu gehen! Sie fürchten, allein zu sein, denn in der Einsamkeit und Stille rührt sich der Wurm, der nicht stirbt, wie sich die Tiere des Waldes in der Nacht rühren und auf Raub ausgehen. Aber selig ist nur der Mensch, der mit sich selbst in Friede ist und unter allen Umständen frei und unerschrocken auf und um sich sehen kann! Es gibt auf Erden kein größeres Glück.

Matthias Claudius

März

Er weidet mich
auf einer grünen Aue
und führet mich
zum frischen Wasser.

Psalm 23,2

Die Zukunft der Vergangenheit

Berufung und Auftrag

Propheten in der Bibel werden direkt von Gott berufen, was allerdings häufig nicht ganz komplikationslos geschieht. Nach einem wiederkehrenden Schema reagiert der Berufene zunächst mit Einwänden, die anschließend wiederum von Gott entkräftet werden. Der künftige Prophet Jeremia klagt: „Ach, Herr, ich tauge nicht zu predigen; denn ich bin zu jung", was Gott aber nicht gelten lässt: „Sage nicht: ‚Ich bin zu jung', sondern du sollst gehen, wohin ich dich sende, und predigen alles, was ich dir gebiete ... Siehe, ich lege meine Worte in deinen Mund." (Jeremia 1,6-7.9)

Wenn Gott seine Worte in den Mund eines Propheten legt, wird das auch manchmal sehr wörtlich genommen: „Du Menschenkind, gib deinem Bauch zu essen", sagt Gott zu Hesekiel, „und fülle dein Inneres mit dieser Schriftrolle, die ich dir gebe. Da aß ich sie, und sie war in meinem Munde so süß wie Honig." (Hesekiel 3,3)

Süß wie Honig sind Prophetien allerdings selten. Viele Propheten treten dann auf die Bühne, wenn die Menschen auf Abwege geraten. Dass sie Gott an ihrer Seite haben, macht ihre Aufgabe nicht unbedingt leichter. „Ach!" – So lautet das erste Wort, das Jeremia zu Gott spricht. Wie kaum ein anderer hat er die Niedertracht von Berufskollegen und die Bosheit von Herrschenden zu ertragen. Schon nach seinem ersten öffentlichen Auftritt, bei dem er bevorstehendes Unheil verkündet, wird er geschlagen und einen Tag lang an den Pranger gestellt. 40 Jahre lang predigt Jeremia einem halsstarrigen Volk „Schrecken überall" und erfährt nichts als Ablehnung, Verfolgung, Gefangenschaft, Todesangst. Auch das muss ein Prophet aushalten können.

Nicht nur Hesekiel, auch der neutestamentliche Seher und Prophet Johannes bekommt die Offenbarung als Gedrucktes zu essen: ein Büchlein, in diesem Fall überbracht von einem Boten. Es schmeckt süß im Mund, liegt aber schwer im Magen, denn die apokalyptische Botschaft ist bitter für alle, die sie hören. Detail aus dem Großen Ostfenster der Kathedrale von York, Nordengland, 1405–1408

Die Klagen der Propheten beziehen sich vor allem darauf, dass die Menschen immer wieder vor Gott davonlaufen, fremde Götter anbeten, in „Sünde“ leben, also Gottes Zuneigung zurückweisen. Und dann passiert es, dass Gott durch den Mund seiner Propheten entsetzliche Strafgerichte ankündigt. Die Verheerungen, die die Propheten dem Volk Israel vor Augen malen, interpretieren wir heute als historische oder natürliche Katastrophen. Ganz anders die Propheten: Noch jede Eroberung und Zerstörung, jede Dürre, Hungersnot oder Krankheit wurde von ihnen als göttliche Reaktion auf das Versagen der Menschen gedeutet. Gott als Herrscher über Zeit und Raum kann auch Fremdgläubige instrumentalisieren, die dann mit ihren Heeren einmarschieren und Israel zu vernichten trachten.

„Hört dies, ihr Priester, und merke auf, du Haus Israel, und nimm zu Ohren, du Haus des Königs!" Strafandrohung des Propheten Hosea mit erhobenem Zeigefinger. Aus dem Klosterneuburger Evangelienwerk, Buchmalerei auf Pergament, um 1340

Das Versagen vor Gott hat viele Gesichter, aber alle Verfehlungen lassen sich auf einen Ursprung zurückführen: die Abkehr vom ersten Gebot, in dem sich der Bund Gottes mit seinem Volk ausdrückt und nach dem das Volk sein ganzes Leben auszurichten hat. Daher auch die zahlreichen Bibelstellen in den prophetischen Büchern, in denen dieses erste Gebot zitiert oder paraphrasiert wird: „Ich bin der Herr, dein Gott, der ich dich aus Ägyptenland, aus der Knechtschaft, geführt habe. Du sollst keine anderen Götter haben neben mir."

Kritik an den herrschenden Verhältnissen – Ankündigung des Strafgerichts – hoffnungsvoller Ausblick: Dieser Dreischritt ist die Grundstruktur vieler prophetischer Reden im Alten Testament. Es kann aber durchaus auch zum Vollzug des Strafgerichts kommen, so zum Beispiel im Buch Jeremia: die Zerstörung Jerusalems und des Tempels und die Deportation nach Babylon.

Mitunter gelingt es Propheten, Gott zu besänftigen und die Aussetzung einer Strafe zu erwirken. Mose bittet mehrmals erfolgreich um Verschonung; anderen, wie dem gerade genannten Jeremia, ist genau dies ausdrücklich untersagt. Aber es kann auch passieren, dass Gott selbst den Vollzug einer Strafe aufhebt, wenn ihn seine eigenen Worte reuen. So etwas schwant dem Propheten Jona von Anfang an: dass Gott die Stadt Ninive trotz aller Vernichtungsankündigungen womöglich verschonen wird, und genau deswegen will er sich vor seinem göttlichen Auftrag drücken. Gott ist immer für eine Überraschung gut. In biblischer Diktion heißt das: „Meine Gedanken sind nicht eure Gedanken, und eure Wege sind nicht meine Wege, spricht der Herr" (Jesaja 55,8).

Geschichte erleben wir heute gewöhnlich als linearen Prozess, der nur eine Richtung kennt: in die Zukunft. Wenn sich eine unheilvolle Entwicklung abzeichnet, können wir das Rad der Geschichte nicht einfach zurückdrehen und einen anderen Weg einschlagen. Das können die Propheten des Alten Testaments zwar auch nicht, aber sie behalten in ihren Reden immer den Anfang im Blick – Gottes Schöpfung. „Und siehe, es war sehr gut."

In diesem „Sehr gut" drückt sich Gottes bedingungslose Liebe zu seinen Menschen aus, die genauso wenig aufhört, wie dieser sehr gute Anfang auch kein einmaliges Geschehen ist, sondern sich jederzeit und immer wieder neu ereignen kann. Dieses Fenster der Hoffnung – dass nämlich in der Zukunft die gute Vergangenheit erneut anbrechen werde – halten die Propheten offen. Auf imposante Weise wird dieses „Im Ende der Anfang" deutlich, wenn man den gewaltigen Bogen sämtlicher biblischer Bücher abschreitet. Im prophetischen Buch der Offenbarung, also im aller*letzten* Buch der Bibel, wird nach dem apokalyptischen Weltgericht die Schöpfungsgeschichte aus der Genesis, dem aller*ersten* biblischen Buch, neu eingespielt: ein unübertroffenes Bild von Versöhnung und allumfassendem Frieden. Auch dafür sind die Propheten da: eine Zeit zu verkündigen, in der die ganze Welt erlöst ist.

Regine Collien

Ausgespanntes Werden

Vorfühling

In dieser Märznacht
Trat ich spät aus meinem Haus.
Die Straßen waren aufgewühlt von Lenzgeruch
Und grünen Saatregen.
Winde schlugen an. Durch die verstörte Häusersenkung
Ging ich weit hinaus
Bis zu dem unbedeckten Wall und spürte:
Meinem Herzen schwoll ein neuer Takt entgegen.

In jedem Lufthauch
War ein junges Werden ausgespannt.
Ich lauschte, wie die starken Wirbel
Mir im Blute rollten.
Schon dehnte sich bereitet Acker.
In den Horizonten eingebrannt
War schon die Bläue hoher Morgenstunden,
Die ins Weite führen sollten.

Die Schleusen knirschten.
Abenteuer brach aus allen Fernen.
Überm Kanal, den junge Ausfahrtwinde wellten,
Wuchsen helle Bahnen,
In deren Licht ich trieb.
Schicksal stand wartend in umwehten Sternen.
In meinem Herzen lag ein Stürmen
Wie von aufgerollten Fahnen.

Ernst Stadler

Von Ostern her leben

Am 31. März feiern wir das wichtigste Fest der Christenheit

Nun aber ist Christus auferweckt von den Toten als Erstling unter denen, die entschlafen sind. Denn da durch einen Menschen der Tod gekommen ist, so kommt auch durch einen Menschen die Auferstehung der Toten. Denn wie sie in Adam alle sterben, so werden sie in Christus alle lebendig gemacht werden.

1. Korinther 15,20-22

Sicher ist nur eins: der Tod!" Eine alte Binsenweisheit. Einmal tot, immer tot. Und das hat für die, die ihr Leben vom Tod her buchstabieren, Konsequenzen. „Nichts verpassen! So viel Leben mitkriegen wie möglich. Irgendwann ist alles vorbei!" So leben viele und merken nicht, wie sehr der Tod ihr Denken, Fühlen und Handeln bestimmt.

Ähnlich reden manche unter den Christen in Korinth: Es gibt keine Auferstehung der Toten! Noch nie ist jemand von den Toten zurückgekehrt. Auch Jesus nicht! Die Verwirrung ist groß. Schließlich schaltet sich Paulus mit einem Brief ein. In einem langen Kapitel versucht er zu klären, was es für unseren Glauben bedeuten würde, wenn Jesus nicht auferstanden wäre. Dann wäre unser Glaube letztlich vergeblich. Dann könnten wir uns angesichts des Todes an keine Hoffnung halten. Am Ende schreibt er: „Nun aber ist Christus auferstanden!" Kurz und prägnant sagt er das – fast trotzig. Und das hat seinen Grund.

Denn die natürliche Reaktion des Menschen auf die Auferstehung ist nicht Glaube, sondern Erschrecken, Zweifel, Unglaube. So

Links: Christus kehrt aus der Vorhölle zurück. Rechts: Auferstehung Jesu. Bildtafeln vom linken Seitenflügel des Schnitzaltars im St.-Knuds-Dom zu Odense in Dänemark, Werkstatt des Lübecker Bildhauers Claus Berg, 1521

auch die Jünger. Als Maria von der Begegnung mit dem Auferstandenen erzählt, sagen sie: „Leeres Geschwätz!“ Die Jesu Predigt und Wirken selbst erlebt haben, glauben ihr nicht.

Wer von der Ewigkeit nichts weiß, dem ist das Leben eine grausam kurze Spanne, die genutzt werden muss. Sinn und Unsinn des Lebens müssen sich hier und jetzt entscheiden. Rastlos versucht der Mensch, um nicht in Vergessenheit zu geraten, ewige Denkmäler zu setzen, die die Erinnerung an ihn wachhalten. Die ablaufende Zeit ist seine größte Gegnerin. So sieht die Wirklichkeit dessen aus, der sein Leben vom Tod her buchstabiert.

Und plötzlich bricht Gott in diese Wirklichkeit ein. Am Ostermorgen durchbricht er die menschliche Wirklichkeit mit seiner Wirklichkeit. Er zeigt sich als der, der auch vor dem Tod nicht haltmacht. Gott überschreitet die Grenze des Todes und entreißt dem Tod seine Beute. Ein für alle Mal. So sieht die Wirklichkeit Gottes aus.

„Nun aber ist Christus auferstanden!", sagt Paulus. Beweisen lässt sich das nicht. Daran kann ich nur glauben. Anders gesagt: Ich kann letztlich nur darauf vertrauen, dass Gottes Weg mit mir nicht mit dem Tod endet, weil er Herr über Leben und Tod ist.

Die ihr Leben von Ostern her buchstabieren, dürfen Osterzeugen sein. Zeugen, die ihre Ostergeschichten erzählen. Geschichten der Dankbarkeit über gelungenes und reiches Leben, Geschichten der Errettung aus einer Krankheit, Geschichten von Freunden und Freundschaften, die aus Einsamkeit herausführten.

Als Pfarrer bin ich immer wieder Menschen begegnet, die von befreienden, tröstlichen, hilfreichen Erfahrungen berichtet haben. Das waren oft keine aufregenden Ereignisse, sondern kleine Dinge, unspektakuläre Begegnungen, die dem Leben wieder Sinn und Richtung gaben. Eine Frau erzählte mir: Nach dem Tod ihres Sohnes hat sie jeden Tag in der Osterwoche eine Osterglocke in ihrem Briefkasten gefunden. Eine Woche lang. Jeden Tag. Bis heute weiß sie nicht, von wem diese Osterglocken waren – aber sie haben ihr sehr gutgetan. Und sie tun ihr auch heute – viele Jahre danach – immer noch gut.

„Nun aber ist Christus auferstanden!" Das ist die Grundlage unseres Glaubens. „Sicher ist nur der Tod" – das ist nicht unsere Perspektive. Für uns gilt anderes. Wir dürfen unser Leben anders buchstabieren. Nicht vom Tod her, sondern von Ostern, vom Leben her.

Søren Schwesig

Ein freundlicher Zuspruch

Das Leben ist ein Geschenk!

Die ersten zarten Blüten,
ein Kinderlachen hinterm Haus,
der Sonnenstrahl,
der Wassertropfen in leuchtende Perlen verwandelt.
Kleinigkeiten,
die mein Herz erfreuen,
die mich im Innersten anrühren und mir sagen:
Ich lebe, atme, bin auf der Welt,
die ein Geschenk Gottes ist,

so wie auch dein Leben
dir von Gott geschenkt ist.

Lydia Diehl

April

Ich hebe meine Augen auf
zu den Bergen.
Woher kommt mir Hilfe?

Psalm 121,1

Geretteter Retter

Vom Findelkind zum Propheten

Den letzten Worten eines bedeutenden Menschen wird immer besonderes Gewicht beigemessen. Das gilt auch für das große Lied, das Gott seinem Propheten Mose buchstäblich in die Feder diktiert (5. Mose 31,19). Vor der ganzen Gemeinde Israel soll er es anstimmen, und das Volk soll es auswendig lernen, denn „es ist nicht ein leeres Wort an euch, sondern es ist euer Leben", sagt Gott. *Euer Leben:* Das sind begangene wie künftige Verfehlungen Israels, die Mose ebenso beklagt, wie er in zarten Worten Gottes liebevolles, fast mütterliches Verhältnis zu seinem Volk besingt und in drastischen Ausdrücken seinen Zorn über die Halsstarrigkeit der Menschen hinausschreit (5. Mose 32,1-43).

Dann stirbt Mose, und das fünfte Buch der Bibel, das seinen Namen trägt, ist zu Ende. „Und es stand hinfort kein Prophet in Israel auf wie Mose, den der Herr erkannt hätte von Angesicht zu Angesicht."

Dass Mose eines Tages der größte jüdische Prophet werden würde – der einzige, dem es gestattet ist, Gott zu sehen (erzählt in 2. Mose 33,7-11) –, ist bei genauem Lesen schon zu Beginn seiner „Biografie" zu erkennen. Drei diskrete Hinweise deuten es an. Den ersten finden wir in der Erzählung von seiner Rettung. Als der Pharao beschließt, sämtliche Söhne des versklavten israelitischen Volks im Nil ertränken zu lassen, versteckt die Mutter den Säugling in einem mit Pech verklebten „Kästlein" im Schilf am Flussufer. In der ganzen Bibel kommt der „Kasten" nur noch ein zweites Mal vor – in der voraufgegangenen Sintflutgeschichte. Dort wird Noah angewiesen, die Arche zu bauen und mit Pech (!) abzudichten. Was soll

„Und die Tochter des Pharao ging hinab und wollte baden im Nil … Und als sie das Kästlein im Schilf sah, sandte sie ihre Magd hin und ließ es holen." (2. Mose 2,5) – Glasfenster in der Kathedrale von Brüssel, 1866

diese Textparallele anderes ausdrücken, als dass bei der Rettung des Kindes nicht nur die Rettung eines Volks, sondern auch die Rettung der Menschheit anklingt? Die Kirchenväter haben später daran angeknüpft, als sie die vielen textlichen Bezüge von Mose und Jesus christlich ausdeuteten. Beide, Mose und Jesus, werden vor einem Kindermord gerettet, beide kommen aus Ägypten zurück und erfüllen ihren Auftrag, beide sind berufene Sprecher Gottes, der eine empfängt das Gesetz auf dem Berg Sinai, der andere legt es in der *Berg*predigt neu aus.

Zweitens: Auch im Namen kündigt sich Moses künftige Lebensaufgabe an. Die Tochter des Pharao, die ihn Mose nennt, erklärt die Namensgebung so: „Ich habe ihn aus dem Wasser gezogen." Nun hat der ägyptische Name Mose im Hebräischen klangliche Ähnlichkeit nicht mit „Ich habe gezogen", sondern mit „Ich bin ein Ziehender": Der aus dem Wasser Gerettete rettet später sein Volk aus dem Schilfmeer, indem er mit Gottes Hilfe das Wasser teilt.

Und drittens die Berufung zum Propheten: Die Dornbuschgeschichte erzählt die ausführlichste und längste aller prophetischen Berufungen in der gesamten Bibel. Kein anderer erfindet so viele Einwände wie Mose, weshalb gerade er für diese Aufgabe nicht geeignet ist – bis ihm nichts mehr einfällt, als zu sagen: Such dir doch bitte jemand anderen. Gott verliert die Geduld und stellt ihm seinen Bruder Aaron zur Seite, sozusagen als Prophetenprophet. „Ich will mit deinem und seinem Munde sein", sagt Gott, „und euch lehren, was ihr tun sollt. Und er soll dein Mund sein und du sollst für ihn Gott sein."

Es folgt eine Art Lehrzeit – die zehn Plagen, die Mose dem Pharao anzukündigen hat, werden ihm von Gott regelrecht vorbuchstabiert –, bevor sich das folgenreichste Kapitel in der Geschichte des Gottesvolks ereignet: der Auszug aus der ägyptischen Knechtschaft, der zum Einzug in die Grundlagen einer künftigen Staatlichkeit wird, Religionsstiftung und Gesetzgebung inklusive. Die Regularien, die das künftige Leben im verheißenen Land ordnen sollen, trägt Mose seinem Volk in aller Detailliertheit vor. Darunter ist auch das Prophetengesetz, in dem er ganz deutlich zu erkennen gibt, wie sehr ihm seine Aufgabe bewusst geworden ist.

Auch ein Prophet ist vor Verfehlungen nicht gefeit. Weil Mose Wasser aus dem Felsen bei Meriba geschlagen hat, anstatt zum Felsen zu sprechen, und Gottes Wirken unterschlägt, darf er das verheißene Land vom Berg Nebo aus nur noch sehen. Betreten darf er es nicht mehr.

Regine Collien

Warum bist du nicht Sussja gewesen?

Rabbinische Weisheit

Der weise Rabbi Bunam sagte einmal im Alter, als er schon erblindet war: „Ich möchte nicht mit Vater Abraham tauschen. Was hätte Gott davon, wenn Abraham wie der blinde Bunam würde und der blinde Bunam wie Abraham?"

Und mit noch größerer Eindringlichkeit ist dasselbe von Rabbi Sussja überliefert worden, als er kurz vor dem Tode sagte: „In der kommenden Welt wird man mich nicht fragen: Warum bist du nicht Mose gewesen? Man wird mich fragen: Warum bist du nicht Sussja gewesen?"

nach Martin Buber

Er zog mit uns in wechselnden Gestalten

Weg nach Emmaus

Wir wussten es nicht: es war der Ostertag.
Wir waren unterwegs bei schrägem Sonnenlicht,
da uns der Tempelberg schon längst im Rücken lag
und noch von Emmaus kein Dach in Sicht.

Sahn das Land an uns vorübergleiten,
während wir hindurchgewandert sind:
Menschen, viele Orte, Jahreszeiten,
Vogelflug in unerreichten Weiten,
hin und wieder schon der Abendwind.

Neben unsern Schritten – seine Schritte,
da er sich plötzlich zu uns gesellt.
Im finstern Tal ging er in unsrer Mitte.
In unserm Zwiegespräch war er der Dritte,
und er erklärte durch sein Wort die Welt.

Er zog mit uns in wechselnden Gestalten,
uns sehr vertraut – uns völlig unbekannt.
Zuweilen konnten wir sein Bild behalten.
Im Neugewordenen sahen wir den Alten,
und seltsam hat in uns das Herz gebrannt.

Nun, da der Tag sich neigt und wir die Tür aufklinken,
brennt schon die Lampe, ist der Tisch gedeckt.
Und Brot zu essen, Wein ist da zu trinken.
Es ist wie Aufgang mitten im Versinken,
und nun am Abend werden wir geweckt.

Der dort am Tische sitzt und uns das Brot gebrochen
und der mit uns im Wechselwort gesprochen,
der Herr, mit dem wir redeten und handelten –

der dort am Tische sitzt und uns den Kelch gesegnet
und der so vielgestaltig uns begegnet,
er blieb sich immer gleich. Doch wir sind die Verwandelten.

Noch am Abend brechen wir auf.

Klaus-Peter Hertzsch

Du meine Seele, singe!

Der 28. April heißt Sonntag Kantate – „Singt!"

Meine Großmutter hat den ganzen Tag lang gesungen. Beim Spülen, beim Kochen, beim Putzen. Seltsame alte Lieder wie „Das kann doch einen Seemann nicht erschüttern", Volkstümliches, auch Frommes, vor allem am Abend: „Der Mond ist aufgegangen" und „Nun ruhen alle Wälder" klingen mir noch im Ohr. Das ist für mich das Bild einer Welt, die in Ordnung ist: Meine Großmutter, die im Garten Wäsche aufhängt und dabei aus voller Kehle „Geh aus, mein Herz, und suche Freud" singt.

Auch meine Mutter hat noch Kinderlieder mit uns gesungen, ich selbst habe sie dann schlecht und recht meinen Kindern vorgesungen und die wieder ihren: „Wer hat die schönsten Schäfchen", „Der Kuckuck und der Esel" ...

Solange Kinder im Spiel sind, ist es einfach mit dem Singen. Da halten sich die musikalischen Ansprüche in Grenzen. Unter Erwachsenen allerdings ist es schnell vorbei mit der Unbefangenheit. Wohin nun mit der Sangesfreude, wenn man sich nicht gleich zum Chorsänger berufen fühlt? – Ganz einfach: In die Kirche gehen!

Im Sonntagsgottesdienst muss man wahrhaftig kein Meistersinger sein, die Orgel ist laut genug, und meistens kann man sich von einigen geübten Sängerinnen und Sängern mittragen lassen. Im meist mäßig besetzten Kirchenraum ist jede Stimme eine Bereicherung, und den schwierigen hohen Ton kann man zur Not auch ganz entspannt weglassen. Wenn ich in die Kirche gehe, schlage ich als Erstes die Lieder auf, die an der Tafel angezeigt sind, und lege die Lesebänder ein. Das ist immer ein bisschen wie Bescherung: Welche Lieder darf ich heute singen?

Nun ja, manchmal ist es auch etwas enttäuschend. Ich finde, die Lieder sollten zum Himmel aufsteigen, da ist „Ein feste Burg" ein bisschen erdenschwer. Womit ich nicht sagen will, dass ich grundsätzlich auf alte Kirchenlieder verzichten wollte. Wenn am Ostermorgen die ganze Gemeinde „Christ ist erstanden" schmettert, dann ist das so aufwühlend, wie es wohl nur ein Lied schaffen kann, in dem mindestens 500 Jahre mitschwingen.

Als schönen Kompromiss zwischen Alt und Neu empfinde ich die Taizé-Lieder. Die klingen so würdevoll-feierlich, als wären sie schon uralt. Und sie werden so schön oft wiederholt, dass jede und jeder mitkann. Man muss sich außerdem nicht mit Texten abmühen, sondern singt einfach immer dasselbe, lässt die Worte in sich einsinken und versinkt dabei selbst in der Melodie.

Musik macht etwas mit den Menschen. Ganz unüberseh- und unüberhörbar wird das alle Jahre wieder zur Weihnachtszeit. Schon

an den Adventssonntagen füllen sich die Kirchenbänke, „Macht hoch die Tür"! Und erst der Weihnachtsgottesdienst, wenn die Kirche prall gefüllt ist mit Menschen, die kaum wissen, was das Christkind mit Jesus zu tun hat. Aber wenn zum Schluss alle aufstehen und „O du fröhliche" singen, blitzen ringsum feuchte Augen.

Die innige Verbindung von Kirche und Musik spüren auch Zeitgenossen, die mit „Kirchens" ansonsten nur wenig anfangen können. Wenn ein Gospelkonzert, ein Orchesterstück oder eine Orgelimprovisation den Kirchenraum erfüllt, dann schwingt etwas mit, was ein Konzertsaal niemals bieten könnte. Kirchen sind eben auf eine ganz besondere Weise „nach oben offen".

„Wer singt, betet doppelt", hat der Kirchenvater Augustinus gesagt. Denn wer singt, betet zum einen mit Worten, zum anderen und nicht minder aber durch das Singen an und für sich. Singen ist Gebet, und was für eins! Da werden keine Häupter geneigt und Hände gefaltet, sondern ganz im Gegenteil: Der Kopf wird gehoben, die Brust geweitet. Wir rufen zu Gott!

Paul Gerhardts bekanntes Lied „Geh aus, mein Herz" sagt auf wunderschöne Weise, warum das Singen so wichtig ist: „Ich selber kann und mag nicht ruhn, / des großen Gottes großes Tun / erweckt mir alle Sinnen; // ich singe mit, wenn alles singt, / und lasse, was dem Höchsten klingt, / aus meinem Herzen rinnen."

Genau so ist es: Ich möchte nicht nur vorgesungen bekommen, denn „ich kann und mag nicht ruhn": Ich will selbst die Stimme erheben, singen, „wenn alles singt". Die Welt singt Gott ein Loblied durch ihr bloßes Dasein, und ich singe mit. Das Herz quillt über, und ich lasse Freude und Dankbarkeit „aus meinem Herzen rinnen". Dafür muss ich singen, singen!

Das Singen hat eine Kraft, die die Mühseligkeit und Beladenheit des Alltags einfach hinwegfegt. Ich fühle mich erfrischt und gestärkt. Musik ist ein Lebensquell für die Seele. Dem Himmel sei Dank dafür!

Charlotte Feldt

Ich sage Ja!

Was morgen ist

Was morgen ist,
auch wenn es Sorge ist,
ich sage Ja!
So wie die Blume still
im Regen abends spricht,
weil sie im neuen Licht
auch wieder blühen will:
Was morgen ist,
auch wenn es Sorge ist,
ich sage Ja!

Wolfgang Borchert

Finden statt Suchen

Vom Schatz im Acker

Das Himmelreich gleicht einem Schatz, verborgen im Acker, den ein Mensch fand und verbarg; und in seiner Freude ging er hin und verkaufte alles, was er hatte, und kaufte den Acker.

Matthäus 13,44

Das muss ein wahrer Glückspilz sein, der einen solchen Schatz findet! Allerdings handelt es sich hier nicht ums Goldene Los, den ganz großen Lottogewinn. Drei Wörter verraten, worum es wirklich geht:

Das erste ist *Acker.* Der Schatz liegt nicht auf einer Insel oder in einer Höhle, er lässt sich ganz ohne Schatzkarte und weite Reisen finden.

Das zweite Wort ist *Freude.* Kein Abwägen der Güter, keine Expertise, wie viel der Schatz denn wirklich wert ist – das Entscheidende ist das, was der Fund auslöst.

Das dritte Wort ist *verkauft.* Alles andere ist unbedeutend geworden, der glückliche Finder tauscht es gern ein. Der Schatz allein ist die Hauptsache, das Allerwichtigste.

Dabei hat er den Schatz nicht gesucht, sondern gefunden: bei der Feldarbeit, im ganz normalen Alltag, einfach so. Der Acker ist das Menschenleben. Und wir dürfen sicher sein: In jedem von Gottes Äckern liegt ein solcher Schatz verborgen – in jedem Lebens-Acker, so tief und steinig er sein mag.

Monika Scharpe

Zukunftsmusik

Zum 200. Geburtstag von Immanuel Kant am 22. April

Das Gebot: Du sollst (und wenn es auch in der frömmsten Absicht wäre) nicht lügen, zum Grundsatz in der Philosophie als eine Weisheitslehre innigst aufgenommen, würde allein den ewigen Frieden nicht nur bewirken, sondern auch in alle Zukunft sichern können.

Immanuel Kant

Das Trio infernale hat Kant vermutlich gar nicht erst gelesen, und wenn, dann sicherlich falsch verstanden. Graffito im Londoner Stadtteil Hackney

Mai

Bei dir ist die Quelle
des Lebens.

Psalm 36,10

Von Kanaan nach Babylon

Moses Vermächtnis

„Dies sind die Worte, die Mose zu ganz Israel redete jenseits des Jordans in der Wüste." So beginnt das 5. Buch Mose, das im Wesentlichen Moses gesammelte Reden enthält. Es ist, verkürzt gesagt, eine einzige ausführliche Schriftinterpretation, daher auch die (christliche) Bezeichnung Deuteronomium, „Zweites Gesetz".

Mose erklärt seinem Volk, woher es kommt – aus der Knechtschaft Ägyptens; er sagt, was das Volk immer im Gedächtnis bewahren muss – dass Gott einen Bund mit ihm geschlossen hat; und er führt aus, wonach die Menschen zu leben haben – nach den Zehn Geboten, der gesetzlichen Grundlage für den Bundesschluss mit Gott.

Eindringlich warnt er das Volk: „Und wenn ... ihr im Lande wohnt und versündigt euch und macht euch Bildnisse von irgendeiner Gestalt, sodass ihr übel tut vor dem Herrn ..., so rufe ich heute Himmel und Erde zu Zeugen über euch, dass ihr bald hinweggerafft werdet aus dem Lande, in das ihr geht über den Jordan" (5. Mose 4,25-26).

Ein Blick auf das räumliche und zeitliche „Setting": Mose spricht an der Grenze zum verheißenen Land 40 Jahre nach Beginn der Wüstenwanderung. Nun bedeuten 40 Jahre nach biblischem Verständnis zugleich eine Menschengeneration. Das heißt: Mose spricht an der Schnittstelle von Wüste und Kanaan und von Gestern und Morgen – denn auch den noch Ungeborenen gelten die Worte: „Ihr werdet nicht lange darin [i. e. in Kanaan] bleiben, sondern werdet vertilgt werden. Und der Herr wird euch zerstreuen

Tanz um das Goldene Kalb im zeitgenössischen bäuerlichen Sonntagsstaat. Emporenbild in der Evangelischen Filialkirche St. Nikolaus im oberfränkischen Alladorf

unter die Völker, und es wird von euch nur eine geringe Zahl übrig bleiben unter den Heiden, zu denen euch der Herr wegführen wird." (5. Mose 4,26-27)

Mose spricht einerseits aus eigener Erfahrung. Hatte sein Volk nicht immerzu „gemurrt", sich von Gott abgewandt, in einem unbeobachteten Moment gar ein goldenes Kalb angebetet? Andererseits rührt diese Rede an aktuelle Erfahrungen des zeitgenössischen Publikums im 5. Jahrhundert v. Chr., als das Buch Deuteronomium seine endgültige Gestalt bekam. Der Hinweis auf die Verschleppung einer „geringen Zahl" dürfte bei der Hörer- bzw. Leserschaft unangenehme Erinnerungen geweckt haben, bezieht er sich doch auf die Deportation der jüdischen Oberschicht ins Babylonische Exil ab 597 v. Chr., nach der Zerstörung Jerusalems.

Mose erzählt zwar aus der Wüstenperspektive, aber er spricht zugleich zu Menschen, denen die Exilerfahrung noch in den Knochen steckt. Indem die Ordnungen, Vorschriften und Einsichten, die das Mosebuch im Einzelnen festhält, um über 1000 Jahre in die Zeit des Mose zurückverlegt werden, wird eine Brücke geschlagen zwischen den beiden einschneidenden und Israels Identität prägenden Großerzählungen: dem Exodus aus Ägypten und dem Babylonischen Exil. Es ist Mose vorbehalten, diese Grunderfahrungen auf den Punkt zu bringen. Für die Rückkehrer aus Babylon ist er der Prophet, der ihnen zu verstehen gibt, dass ihre Gemeinschaft und ihr ganzes Leben immer in Gefahr geraten werden, wenn sie den Bund mit Gott brechen. Dies erklärt auch, weshalb er wieder und wieder Gehorsam und die Einhaltung der Gebote befiehlt.

Als Mose sein Ende nahen fühlt, setzt er auf Gottes Geheiß Josua als Nachfolger ein. Von dem heißt es ausdrücklich, dass er nicht Moses Rang besitzt. Neben Josua tritt an Moses Stelle ein Schriftstück: „Und Mose schrieb dies Gesetz" (5. Mose 31,9), verbunden mit der Mahnung an das Volk, alle sieben Jahre den Tag zu erinnern, an dem Mose seine Reden gehalten hat. Das Laubhüttenfest, das im Judentum seither gefeiert wird, hat hier seinen biblischen Ursprung. Alle sieben Jahre kehrt Israel an seinen Ursprung zurück und orientiert sich neu.

In dem Augenblick, da Mose das „Gesetz" schreibt, geht seine höchste Autorität auf das geschriebene Wort über. Der Glaube des israelitischen Volkes ist auf dem Weg zur Buchreligion.

Regine Collien

Und ganz mein eigen

Bittersüße Frühlingsgefühle

Wir wollen wie der Mondenschein
Die stille Frühlingsnacht durchwachen,
Wir wollen wie zwei Kinder sein.
Du hüllst mich in dein Leben ein
Und lehrst mich so wie du zu lachen.

Ich sehnte mich nach Mutterlieb
Und Vaterwort und Frühlingsspielen,
Den Fluch, der mich durchs Leben trieb,
Begann ich, da er bei mir blieb,
Wie einen treuen Freund zu lieben.

Nun blühn die Bäume seidenfein
Und Liebe duftet von den Zweigen.
Du musst mir Mutter und Vater sein
Und Frühlingsspiel und Schätzelein
Und ganz mein eigen.

Else Lasker-Schüler

Drei in Eins und Eins in Drei

Am 26. Mai feiern wir Trinitatis, das Fest der Dreifaltigkeit

Mit Trinitatis, dem Dreieinigkeitsfest am Sonntag nach Pfingsten, beginnt die sogenannte festlose Zeit des Kirchenjahrs. Ab hier werden die Sonntage vom „1. Sonntag nach Trinitatis" durchgezählt bis zum „letzten Sonntagen nach Trinitatis" im späten Herbst. In unserem Alltag tauchen die Begriffe Trinitatis, Dreifaltigkeit, Dreieinigkeit als Namensgeber überraschend häufig auf. Es gibt natürlich Trinitatiskirchen, aber auch Dreifaltigkeitsstraßen. Die Karibikinsel Trinidad (spanisch für „Dreieinigkeit") erhielt ihren Namen wegen ihrer drei aufragenden Berge. In Großbritannien,

Drei Hasen, drei Ohren. Aus China kam das Dreihasenmotiv nach Europa; hier wurde es christlich „besetzt" und zum Dreieinigkeitssymbol erhoben. Dreihasenpflasterbild vor der katholischen Kirche St. Peter und Paul im sauerländischen Kirchhundem

Im Süden von Württemberg, zwischen Rottweil und Tuttlingen, erhebt sich der Dreifaltigkeitsberg aus dem Nebel. Auf dem knapp 980 Meter hohen Gipfel befindet sich eine Klosteranlage des Claretiner-Ordens

Irland und Nordamerika gibt es unzählige Trinity Colleges. Eher kurios sind die Dreihasenbilder.

Aber was ist das eigentlich, diese Dreifaltigkeit?

„Die Gnade unseres Herrn Jesus Christus und die Liebe Gottes und die Gemeinschaft des Heiligen Geistes sei mit euch allen!" Die Grußformel, mit der Paulus seinen 2. Korintherbrief beendet, führt zwar die Trias in einem Atemzug auf, aber erklärt ist damit noch gar nichts. Es brauchte einen jahrhundertelangen Theologenstreit, bis die Lehre von der Dreieinigkeit ihre bis heute gültige Form fand. Sie bleibt „rätselhaft" – so bezeichnet immerhin der Evangelische Erwachsenenkatechismus das christliche Bekenntnis zum dreieinigen Gott.

Versuchen wir, uns dem Rätsel anzunähern.

Gott ist in *Jesus* Mensch geworden. Nach dessen Tod, Auferstehung und Himmelfahrt erfahren die Menschen weiterhin Gottes *Geist* in der Welt.

Gott ist drei in einem – wie kann man sich das vorstellen?

Hilfreich ist vielleicht ein Vergleich mit den physikalischen Eigenschaften von Wasser, das je nach Temperatur in unterschiedlichen

Der trinitarische Gnadenstuhl versammelt Vater, Sohn und Heiligen Geist. Grabplatte im Bremer Dom, 1549

Aggregatzuständen auftritt: Eis, flüssiges Wasser, Wasserdampf – und doch bleibt es immer Wasser.

Oder man greift auf Begriffe aus der Theaterwelt zurück. Programmhefte im Theater oder der Abspann eines Films führen bis heute „Personen und ihre Darsteller" auf. Im Hinblick auf die Dreifaltigkeit hätte Gott dann drei unterschiedliche Rollen, unter denen er „auftritt".

Oder wir verstehen die Dreieinigkeit als Bündelung der drei großen heilsgeschichtlichen Ereignisse: Weihnachten (Gottes Heilshandeln), Ostern (Jesu Auferstehung), Pfingsten (das Werk des Heiligen Geistes).

Letzter Versuch: der Dreiklang von Schöpfung, Erlösung und Begleitung. Gottvater steht für die Schöpfung; der Sohn ist die personifizierte angewandte Liebe, die erlösende Nähe Gottes zum Menschen; der Heilige Geist schließlich steht für Gottes und Jesu göttliche Gegenwart im Heute und in der Zukunft.

Günter Helle

Trägheit des Herzens

Kaspar Hauser als Lehrstück

An Pfingsten 1828 ist er aus dem Nirgendwo in Nürnberg aufgetaucht und hält einen Brief in der Hand, adressiert an einen Herrn Wohlgeborenen Rittmeister Friedrich von Wessenig. Als man ihn zu dessen Wohnung führt und der Rittmeister aufmacht, fällt angeblich der berühmte Satz: „A söchtener Reuter möcht i wern, wie mein Voater gwen is."

Ein Reiter ist Kaspar Hauser nicht geworden, dafür aber Europas berühmtestes Findelkind. Was wurde ihm nicht alles angedichtet: Die einen sind sich sicher, dass er der rechtmäßige Erbprinz von Baden gewesen sei, den man gegen einen sterbenden Säugling ausgetauscht habe, um die Thronfolge zu manipulieren. Die anderen unterstellen dem rätselhaften Fremden handfeste Betrugsabsichten oder wenigstens eine Persönlichkeitsstörung. Die habe dazu geführt, dass Hauser unerhörte Vorfälle erfunden habe, um im Gespräch zu bleiben. Im Dezember 1833 sei er dann in Ansbach beim letzten seiner nur vorgetäuschten Attentate den Verletzungen erlegen, die er sich selber beigebracht habe.

Der nahezu vergessene Schriftsteller Jakob Wassermann (1873–1934) hat 1908 den Kaspar-Hauser-Stoff in eine romanhafte Moritat verwandelt. Im Untertitel „Die Trägheit des Herzens" und in einem späteren Kommentar wird sein Anliegen deutlich: „das tragisch Gesetzhafte einer von der Welt noch nicht befleckten Seele und wie die Welt stumpf und verständnislos daran vorübergeht".

Stumpf und verständnislos – nach katholischer Lehre zählt „Acedia", die Trägheit, zu den sieben Todsünden. Im „Caspar Hauser" hält sie eine ganze Gesellschaft gefangen. Die versagt dem Fremden

Sehnsuchtsort Heimat aus der Perspektive eines Heimatlosen. Zeichnung von Kaspar Hauser, 1829

Liebe und Achtung – das wäre, um im Bild zu bleiben, die Kardinaltugend, mit der die Todsünde hätte bezwungen werden können. Stattdessen wird Hauser in einem Fort zur Bestätigung eigener Wünsche und Begierden missbraucht: eine verlorene Seele, die der Kirche wieder zuzuführen ist, oder ein Gegenstand pädagogischer oder medizinischer Experimente oder ein Zirkustier, das der Abendunterhaltung dient. „Ein Verbrechen am Seelenleben eines Menschen", urteilt eine der wenigen positiv gezeichneten Romanfiguren.

Ein historischer Roman ist immer auch ein Spiegel, der der Leserschaft vor Augen gehalten wird. Wie die Gesellschaft einem Individuum das Fremdsein aufprägt – das war so etwas wie Wassermanns Lebensthema. Ausführlich hat er es in seiner Autobiografie „Mein Weg als Deutscher und Jude" (1921) beschrieben. Dabei glaubte er zeitlebens, mit Literatur könne man die Welt verbessern. Die Welt in Gestalt der neuen NS-Machthaber hat ihm diesen Glauben genommen, als sie 1933 seine Bücher verbrannte. Schlimmeres ist dem deutschen Juden Wassermann erspart geblieben. Im Jahr nach dem Fanal ist er an den Folgen eines Schlaganfalls gestorben. Sein „Caspar Hauser", der sich übrigens damals nur sehr schleppend verkaufte, ist heute noch lieferbar – und allemal die Lektüre wert.

Horst Hufinck

Evangelische Freiheit

Barmen heute

Ende Mai vor 90 Jahren tagte in Barmen bei Wuppertal die erste Bekenntnissynode. Eine Standortbestimmung deutscher Protestanten nach der Machtübertragung an Hitler war ihr Ziel. Die Barmer Theologische Erklärung, die nach zähem Ringen verabschiedet wurde, verweigerte sich der totalen Unterwerfung unter den NS-Staat. Das Barmer Bekenntnis wandte sich gegen das gottlose und menschenverachtende Weltbild der Machthaber und gab in sechs Thesen der evangelischen Freiheit einen Ausdruck, der bis heute gültig ist. Betont wurde „Gottes kräftiger Anspruch auf unser ganzes Leben"; die „frohe Besinnung aus den gottlosen Bindungen dieser Welt zu freiem, dankbarem Dienst an seinen Geschöpfen" (These 2). Solcher Zuspruch bestärkte viele Bekenntnispfarrer in ihrer kritischen Haltung zum Nationalsozialismus – bis hin zum aktiven Widerstand, den nicht wenige mit ihrem Leben bezahlten.

Die Welt heute ist gottlob eine andere. Frieden und Gerechtigkeit sind weithin anerkannte Ziele des Gemeinwesens. Dennoch bleiben die „gottlosen Bindungen dieser Welt" bestehen, sie tragen nur einen anderen Namen: Raubbau an der Natur oder Leben auf Kosten der Nachgeborenen oder Vergötzung der Märkte. Wer angesichts von alledem nicht einfach zur Tagesordnung übergehen mag, dem kann das Barmer Bekenntnis auch heute noch Orientierung geben.

Constanze Born

Juni

Schmecket und sehet,
wie freundlich der Herr ist.

Psalm 34,9

Das Wort in Bewegung

Die Prophetinnen Debora und Hulda

Die Bibel hat eine eindeutig männliche Prägung. Umso bemerkenswerter, dass es zum Beispiel mit Mirjam, Debora und Hulda eine ganze Handvoll alttestamentlicher Prophetinnen gibt, denen zwar kein eigenes Buch zugeschrieben ist, die aber die Prophetie in Israel um wichtige Aspekte ergänzen.

Debora ist Prophetin und Richterin. Beide Ämter verleihen ihr die Autorität, den Militärführer Barak herbeizuzitieren und ihn an Gottes Befehl zu erinnern: mit seinen Leuten in die Schlacht gegen die Kanaaniter zu ziehen, die das Volk Israel bedrängen. Nach dem Tod des gegnerischen Hauptmanns Sisera – er fällt nicht in der Schlacht, sondern stirbt auf der Flucht durch die Hand der Israelitin Jaël – stimmen Debora und Barak ein Siegeslied an. Der Gesang hat auffallende Ähnlichkeiten mit dem Lob- und Danklied, das Mose singt, nachdem er das Volk durchs Schilfmeer geführt hatte. Hinter Mose ertrank das ägyptische Heer, so wie auch Siseras Streitwagen von den Fluten des Baches Kischon hinweggespült werden, den Gott zu einem reißenden Gewässer anschwellen lässt. Als „eine Mutter in Israel" (Richter 5,7) tritt Debora in die Nachfolge des Mose und führt, so wie auch er, dem Volk Segen und Fluch vor Augen. Indem Debora sämtliche Ereignisse auf Gottes Wirken in der Welt zurückführt, fordert sie ihre Zuhörerschaft auf, sich selbst in diesem Sinne mit der Geschichte Israels auseinanderzusetzen.

Der Hulda-Abschnitt (2. Könige 22) erzählt, wie der Hohepriester Hilkija „das Gesetz", wohl eine Abschrift der Tora, bei Reparaturarbeiten im Tempel findet. Er gibt es seinem Schreiber, der

Schon die Bibel kennt eine große Ausdrucksvielfalt für Prophetenworte: „Da nahm Mirjam, die Prophetin, Aarons Schwester, eine Pauke in ihre Hand, und alle Frauen folgten ihr nach mit Pauken im Reigen. Und Mirjam sang ihnen vor: Lasst uns dem Herrn singen, denn er ist hoch erhaben; Ross und Reiter hat er ins Meer gestürzt." – „Das Lied der Prophetin Mirjam", Ölgemälde von Luca Giordano, um 1687

König Josia daraus vorliest. Mit Schrecken erfährt der gottesfürchtige König von den Verfehlungen seiner Vorgänger und erkennt, wie alles menschliche Treiben unter Gottes Gericht steht.

Josia will von seinen geistlichen Hofbeamten näheren Aufschluss: Habe ich das wirklich alles richtig verstanden? Was nun geschieht, ist erstaunlich: Die Glaubensexperten – ein Hohepriester, ein Schriftgelehrter und sein Sohn (ein Diener ist auch mit von der Partie) – suchen ohne Umschweife die Prophetin Hulda auf, um sich die Schrift auslegen zu lassen. Das niedergeschriebene Gotteswort verlangt nach der Vermittlung durch eine prophetisch begabte Person, die den Text aufschließt. Der geistlichen Elite traut man das offenbar nicht zu.

Letztlich bestätigt Hulda, was Josia bereits geahnt hatte. Ihre Auslegung beginnt sie mit den Worten: „So spricht der Herr." Der gelesene Text wird erst durch Gott selbst lebendig, vermittelt durch seine Prophetin.

Debora, die singt, und Hulda, die auslegt: Bezeugt wird in beiden Prophetien ein Gott, dessen Warnungen und Weisungen in der Tora fixiert sind. Das darf man gern wörtlich verstehen: Sie sind fixiert, festgehalten – und entbinden ihren Sinn erst, wenn sie verflüssigt werden, durch neues Erzählen (oder Singen), das heißt durch fortlaufende Auslegung und aktualisierende Interpretation.

Debora und Hulda repräsentieren Prophetie als prophetisches Singen und Reden, sie bringen das überlieferte Gotteswort in Bewegung. Mose hingegen repräsentiert Prophetie als niedergeschriebene, festgehaltene, gewissermaßen in Stein gehauene Worte. Das birgt ein gewisses Risiko, wie Mose selbst schmerzlich erfahren muss.

Als das Volk wieder einmal murrt, weil es kein Wasser hat, befiehlt Gott Mose, zum Felsen zu reden, „der wird sein Wasser geben" (4. Mose 20,8). Doch statt wie befohlen nur zum Felsen zu *reden*, schlägt Mose mit großer Geste zweimal seinen Stab gegen den Felsen, ganz so, wie er es früher schon einmal (auf Gottes Geheiß!) getan hatte, und ruft dem Volk zu: „Werden *wir* euch wohl Wasser hervorbringen können aus diesem Felsen?" (4. Mose 20,10). Zur Strafe für diese Missachtung der göttlichen Weisung bleibt ihm, dem größten aller Propheten, der Zutritt zum verheißenen Land ein für alle Mal verwehrt.

Das mag uns in diesem konkreten Fall kleinlich erscheinen, aber dahinter steht eine wichtige Erkenntnis: Was früher Gottes Wille

Gustave Doré, „Das Lied der Debora". Holzschnitt aus einer Bibelausgabe von 1866

war, muss heute und morgen nicht genauso gelten. Es gilt, immer wieder neu genau hinzusehen, hinzuhören, das richtige Wort, die richtige Tat zu finden. Es bedarf also immer auch einer lebendigen Prophetie im Sinne von Debora und Hulda, damit das Wort Gottes erinnert, gelebt und für die Zukunft fruchtbar gemacht wird.

Regine Collien

Merksätze

Zum Tag der Umwelt am 5. Juni

Wenn die Biene einmal von der Erde verschwindet, hat der Mensch nur noch vier Jahre zu leben. Keine Bienen mehr, keine Bestäubung mehr, keine Pflanzen mehr, keine Tiere mehr, kein Mensch mehr.

Albert Einstein

Jeder dumme Junge kann einen Käfer zertreten. Aber alle Professoren der Welt können keinen herstellen.

Arthur Schopenhauer

Was wir heute tun, entscheidet darüber,
wie die Welt morgen aussieht.

Marie von Ebner-Eschenbach

Wir leben in einem gefährlichen Zeitalter.
Der Mensch beherrscht die Natur, bevor er gelernt hat,
sich selbst zu beherrschen.

Albert Schweitzer

Wir sind nicht nur verantwortlich für das,
was wir tun, sondern auch für das,
was wir nicht tun.

Molière

Verlierer sein

Und trotzdem: Gott hört nicht auf, uns zu suchen

Welche Frau, die zehn Silbergroschen hat und einen davon verliert, zündet nicht ein Licht an und kehrt das Haus und sucht mit Fleiß, bis sie ihn findet? Und wenn sie ihn gefunden hat, ruft sie ihre Freundinnen und Nachbarinnen und spricht: Freut euch mit mir; denn ich habe meinen Silbergroschen gefunden, den ich verloren hatte.

Lukas 15,8-9

Stunden meines Lebens verbringe ich als Mutter von vier Kindern damit, irgendetwas zu suchen. Der Klassiker: das Lieblingskuscheltier. Neulich musste ich fast den Augenarzttermin absagen, weil die Brille meiner Tochter kurz vor Abfahrt unauffindbar war.

„Du bist ein Verlierer, Baby!“ – so überschrieb die Zeitschrift „Mom“ einmal einen Artikel, in dem Mütter humorvoll von den verloren gegangenen Klarinetten, Krücken, Schulranzen und Handys ihrer Kinder berichteten. Allerdings muss ich an der Stelle zugeben, dass im Falle unserer Kinderbrille ich die Verliererin war.

Deshalb verstehe ich so gut diese Frau, von der Jesus erzählt. Einer ihrer zehn Silbergroschen ist weg. Vorhin hatte sie ihn doch noch. Weit kann er also nicht sein. Ein Groschen nur von zehn. Aber gerade der ist doch wichtig fürs Ganze. Und so macht sie Licht, kehrt und sucht, bis sie ihn findet.

Wir Menschen sind Verlierer. Wir verlieren Sachen und manchmal auch die Liebe, die Hoffnung, die Freude. Wir verlieren den Glauben, das Vertrauen und manchmal auch uns selbst. Und leider taucht nicht immer alles so einfach wieder auf wie der Turnbeutel, den der Busfahrer unter einem Sitz gefunden hat. Wir müssen damit leben, dass sich manches im Leben nicht vervollständigen lässt, und wir sollten schon gar nicht glauben, dass wir das selbst machen können.

Wie oft schimpfe ich mit den Kindern, wenn in Stresssituationen etwas fehlt, und muss letztlich doch einsehen, dass das überhaupt nicht gerechtfertigt war. In genau diesen Momenten wird mir sehr deutlich, dass auch ich leider von der Perfektion weit entfernt bin.

Doch Jesus erzählt dieses Gleichnis, um zu zeigen: Ihm sind gerade die wichtig, die nicht perfekt sind. Er ist nicht auf der Suche nach denen, bei denen immer alles an seinem Platz ist, sondern Jesus ist auf der Suche nach den Verlierern. Und er sucht besonders nach den Zweiflern und Hoffnungslosen, nach denen, die nicht finden und in deren Leben etwas fehlt. Und nach denen, die meinen, dass das Suchen sich nicht mehr lohnt, sowieso. Wie die Frau jede Ecke ausleuchtet und den Silbergroschen findet, so überlässt Gott uns nicht der Dunkelheit unseres Lebens. Wie die Frau das Geldstück aufhebt, so hebt Gott uns auf, wenn wir am Boden liegen.

Was für eine frohe Botschaft: Auch wenn ich eine Verliererin bin – ich gehe nicht verloren! Das Gleichnis lässt mich wenigstens ahnen, dass Gott nicht aufhört, mich zu suchen. Ich darf mich vertrauensvoll von ihm finden lassen. Meine Geschichte mit allen Verlusten geht gut aus, weil Gott selbst der Finder ist.

Die Brille meiner Tochter ist übrigens gerade noch rechtzeitig aufgetaucht, in der Kinderwagentasche. Zum Jubeln war ich zu erschöpft, aber wir sind noch pünktlich und wieder fröhlich beim Augenarzt angekommen.

Annedore Hohensteiner

Die Waffen nieder!

Zum 110. Todestag der Friedensaktivistin Bertha von Suttner

Streckenweise liest sich ihre Biografie wie ein Groschenroman: Bertha von Suttner, geborene Gräfin Kinsky von Wchinitz und Tettau, kommt 1843 als Spross eines angesehenen böhmischen Adelsgeschlechts in Prag auf die Welt. Ihr Vater stirbt kurz nach ihrer Geburt, die verwitwete Mutter verspielt das gesamte Familienvermögen beim Roulette. Bertha geht nach Wien und verdingt sich bei dem Industriellen Freiherr von Suttner als Privatlehrerin seiner Töchter. Als sie sich in Arthur, den jüngsten Sohn des Hauses, verliebt, schreiten die Eltern Suttner ein und expedieren Bertha nach Paris. Dort soll sie dem schwerreichen Sprengstofffabrikanten Alfred Nobel als Privatsekretärin dienen. Doch Bertha hält es gerade mal eine Woche aus, kehrt nach Wien zurück und heiratet ihren Arthur. Der wird enterbt.

Die beiden ziehen nach Tiflis in Georgien und halten sich mit Gelegenheitsjobs über Wasser. Arthur entwirft Tapetenmuster, Bertha versucht sich als Autorin von Unterhaltungsromanen. Erste Erfolge stellen sich ein, als beide mit Ausbruch des russisch-osmanischen Krieges 1877/78 auf journalistische Arbeiten umsatteln. 1885 kehren sie nach Wien zurück, söhnen sich mit Arthurs Familie aus und beziehen das Suttner'sche Familienschloss in Harmannsdorf in Niederösterreich.

1889 erscheint Bertha von Suttners Roman „Die Waffen nieder!" Inmitten aufkommender Debatten über Militarismus, Nationalismus und Pazifismus trifft das Buch den Nerv der Zeit. Bertha wird auf einen Schlag berühmt, schreibt weitere pazifistische und sozialkritische Romane, knüpft Kontakte zu gleichgesinnten Politikern und wirbt (vergeblich) für die Einrichtung eines internationalen Schiedsgerichts zur friedlichen Lösung militärischer Konflikte. 25 Jahre lang engagiert sie sich für internationale Friedenssolidarität, gründet die Österreichische Friedensgesellschaft und wird Vizepräsidentin des Internationalen Friedensbüros. Sie ist in der frühen Frauenbewegung aktiv, und eine Vortragsreise durch die USA führt sie ins Weiße Haus. Alfred Nobel, mit dem sie auf freundschaftlichem Fuß verkehrt, stiftet auf ihre Anregung hin den Friedensnobelpreis – und Bertha wird 1905 als erste Frau damit ausgezeichnet.

Bertha von Suttner, Fotografie von 1906

Wer Bertha von Suttners Warnungen vor dem Wettrüsten und vor der industrialisierten Kriegsführung gehört hat, wird später nicht mehr sagen können, man habe es nicht gewusst. „Später" heißt: als der Erste Weltkrieg ausbricht und vieles von dem, wovor Bertha von Suttner gewarnt hat, tödliche Realität wird. Da ist Bertha von Suttner schon nicht mehr am Leben. Am 21. Juni 1914 stirbt sie an einem Krebsleiden.

Katharina Schiegg

Juli

Wie ein kleines Kind
bei seiner Mutter,
wie ein kleines Kind,
so ist meine Seele in mir.

Psalm 131,2

Mein Gott ist JHWH

Elia oder: Leben als Theologie

Gelegentlich wird Elia als wichtigster Prophet nach Mose bezeichnet. Sein Name – „Mein Gott ist JHWH" – ist Programm: Nur wenige sind (und kommen) dem Herrn so nahe wie er. Selbst als er scheitert, zweifelt er nicht an seinem Gott. Dem Propheten Elia ist kein eigenes Buch gewidmet, doch er ist ein wichtiger Akteur an der Nahtstelle zwischen den beiden alttestamentlichen Büchern der Könige, zumal er beauftragt wird, in die Thron- und Herrscherfolge einzugreifen.

Israels König Ahab hat seiner phönizischen Frau Isebel zuliebe den Baalskult eingeführt. Dass „Ahab mehr tat, den Herrn, den Gott Israels, zu erzürnen, als alle Könige von Israel, die vor ihm gewesen waren" (1. Könige 16,33), markiert den Tiefpunkt des religiösen Lebens in der Geschichte Israels. Die Situation ist reif für den Auftritt eines Propheten. Unvermittelt kündigt Elia eine lange Trockenzeit an. Die angebliche Macht des Wettergotts Baal kümmert ihn nicht.

Während der Dürrejahre wird Elia an einem Bach von Raben mit Brot und Fleisch am Leben erhalten – eines der beliebtesten Motive in der christlichen Kunst. Als auch der Bach austrocknet, schickt Gott Elia zu einer Witwe, die ihm mit ihrem letzten Mehl und Öl eine Mahlzeit zubereitet und von Gott reich belohnt wird. Ihre Mehl- und Ölgefäße werden auf wundersame Weise nie leer. Und noch ein Wunder geschieht: Als der Sohn der Witwe krank wird und stirbt, betet Elia, bis Gott ihn erhört und das Leben in das Kind zurückkehrt. Elia ist „ein Mann Gottes", erkennt auch die Witwe, „und des Herrn Wort in deinem Munde ist Wahrheit" (1. Könige 17,24).

Gott lässt Feuer auf Elias Opferaltar regnen, während im Hintergrund Baal seine Anhänger im Stich lässt. Bemalte Kachel eines Ofens im Sommerrefektorium der Reichsabtei Salem am Bodensee, 1733

Unterdessen ist eine Hungersnot ausgebrochen. König Ahab wirft Elia vor, am Leiden seines Volks schuld zu sein. Elia verweist auf Ahabs und Israels Abfall von Gott. Der Baalskult sei Schuld an Dürre und Hungersnot. Am Berg Karmel wird das ganze Volk versammelt, darunter auch die Baalspriester. Ihnen gegenüber steht Elia allein auf weiter Flur. Er verlangt vom Volk eine Entscheidung – für Baal oder für den einen wahren Gott. Das Volk bleibt stumm.

Da inszeniert Elia einen kuriosen Wettstreit: „Gewonnen" hat, wer seinen Gott bewegen kann, es regnen zu lassen. Die Baalspriester bereiten einen Stier zum Opfer und beginnen ihren rituellen Tanz. Doch der Regen bleibt aus. Elia spottet: „Ruft laut! Denn er ist ja ein Gott; er ist in Gedanken oder hat zu schaffen oder ist über Land oder schläft vielleicht ..." (1. Könige 18,27).

Dann baut er nach Gottes Anweisung einen zerstörten Altar wieder auf. Keine Gelegenheit lässt er aus, daran zu erinnern, wem dieses Tun gilt. Mit Taten: indem er zwölf Steine „nach Zahl der Stämme Jakobs" im Namen des Herrn aufschichtet – und mit Worten: indem er den Herrn anruft und die Erzväter Abraham, Isaak und Israel (d. i. Jakob) nennt (18,31.32). Brandopfer und Feuerholz lässt er dreimal mit Wasser tränken. „Da fiel das Feuer des Herrn herab und fraß Brandopfer, Holz, Steine und Erde und leckte das Wasser auf im Graben" (18,38). Nun endlich begreift das Volk, die Menschen werfen sich demütig nieder und bekennen: „Der Herr ist Gott, der Herr ist Gott!" (18,39).

Dass Elia nun eigenhändig 450 Baalspriester erschlägt, mag uns verstören, allerdings sollte dieser Gewaltausbruch als Beispielerzählung gelesen werden. Der Fokus liegt weniger auf den Erschlagenen als auf der Idee, dass es nur einen wahren Gott gibt, der allein alle Macht hat, dass sämtliche anderen Gottheiten nur falsche Projektionen der Menschen sind und deren Verehrer Scharlatane.

Gott schickt den erlösenden Regen. Damit sollte eigentlich alles gut sein. Nur bleibt König Ahabs Frau Isebel uneinsichtig und trachtet Elia nach dem Leben. Der Prophet flieht in die Wüste und wünscht sich dort den Tod. Das Königshaus hält an Baal fest. Alle aufgewendete Mühe Elias scheint vergebens. Auch so etwas muss ein Prophet ertragen.

Gott entsendet einen Engel, der Elia stärkt und ihn erneut losschickt. Noch sind seine Aufgaben nicht erfüllt. Am Horeb, dem mythischen Berg von Moses Gottesbegegnung, erscheint Gott auch Elia. Nach dem gewalttätigen Hinschlachten der Baalspriester durch die Hand des Propheten zeigt sich Gott am Horeb fast zärtlich. Ein „stilles, sanftes Sausen" ereignet sich, bevor Gottes Stimme erklingt (1. Könige 19,12) – mit einer neuen Weisung, Könige zu salben und sich selbst einen Nachfolger zu suchen. Am Horeb hört Elia Gott, sieht ihn aber nicht, denn er hat sein Gesicht in einen Mantel gehüllt. Diesen Mantel, das äußere Zeichen göttlicher Autorität, wirft er über den Landwirt Elisa, der seine Prophetenberufung sofort akzeptiert und mit ihm zieht.

Propheten sind Sprachrohre Gottes, aber sie sind auch Menschen, die sterben. Einzig Elia ist davon ausgenommen, denn er

Elia wird entrückt, Elisa hat das sprichwörtliche Nachsehen. Mit Elias herabfallendem Mantel teilt auch Elisa das Wasser des Jordan – und tritt damit in die Nachfolge des Propheten. Johann Nikolaus Wilke, Himmelfahrt des Elia, Deckengemälde von 170, Evangelische Stadtkirche in Trebsen/Mulde im Landkreis Leipzig

---

wird bei lebendigem Leibe entrückt. Zuvor teilt er das Wasser des Jordan mit seinem Mantel und durchquert das Flussbett trockenen Fußes. Dann wird er in einem feurigen Wagen, gezogen von feurigen Rossen, gen Himmel geführt – in unmittelbarer Nähe von Moses Sterbeort. Die Mose-Bezüge sind offensichtlich. Sie unterstreichen Elias Rang als einer der ganz großen Propheten der israelitischen Königszeit.

Regine Collien

Magnificat

Mariä Heimsuchung nach Lukas 1,39-56

Sie kam den Hang herauf, schon schwer, fast ohne
an Trost zu glauben, Hoffnung oder Rat;
doch da die hohe tragende Matrone
ihr ernst und stolz entgegentrat

und alles wusste ohne ihr Vertrauen,
da war sie plötzlich an ihr ausgeruht;
vorsichtig hielten sich die vollen Frauen,
bis dass die junge sprach: Mir ist zumut,

als wär ich Liebe von nun an für immer.
Gott schüttet in der Reichen Eitelkeit
fast ohne hinzusehen ihren Schimmer;
doch sorgsam sucht er sich ein Frauenzimmer
und füllt sie an mit seiner fernsten Zeit.

Dass er mich fand. Bedenk nur; und Befehle
um meinetwillen gab von Stern zu Stern –.
Verherrliche und hebe, meine Seele,
so hoch du kannst: den *Herrn*.

Rainer Maria Rilke

„Vorsichtig hielten sich die vollen Frauen": Die Schwangerschaft von Maria und Elisabeth ist nicht zu übersehen. Antependium aus Wolle, Leinen und Seide, Straßburg, um 1410

Berührungsängste

Die Protestanten und Maria

Insgesamt sechs Marienfeste weist der katholische liturgische Kalender auf: von Mariä Geburt am 8. September bis Mariä Himmelfahrt am 15. August. Nicht ein einziges ist im evangelischen Kirchenjahr zu finden. In den Gesangbüchern einiger evangelischer Landeskirchen ist wenigstens der Tag der Heimsuchung Mariä am 2. Juli aufgeführt. Gedacht wird des Besuchs der gerade schwanger gewordenen Maria bei der ebenfalls (mit dem späteren Täufer Johannes) schwangeren Elisabeth. Die Begegnung mündet in Marias Lobgesang, einem der schönsten und eindrücklichsten Lieder der Bibel.

Fest steht: Im katholischen Glaubensleben ist Maria eine ganz zentrale Gestalt, im protestantischen spielt sie traditionell keine herausragende Rolle. Vielmehr macht sich in manchen Kreisen schon verdächtig, wer sich mit diesem Thema überhaupt beschäftigt.

Woher rührt diese „Mariaphobie" der Evangeli-

schen? Luther kann man sie nicht in die Schuhe schieben. Zwar hat er Marienkult und Marienverehrung abgelehnt. Mit der Kurzformel „nicht heilsnotwendig" lässt sich seine Haltung auf den Punkt bringen. Was ihn nicht daran hinderte, in seinem Arbeitszimmer ein Marienbildnis aufzuhängen und häufig über Maria zu predigen. Maria sei, so Luther, über alle Menschen schon allein deshalb erhaben, „weil sie mit dem himmlischen Vater ein Kind, und zwar ein solches Kind hat". Die „liebe und werte Magd" war ihm ein Inbegriff von Demut, Liebe und Barmherzigkeit. Seiner Gemeinde empfahl er Maria als Glaubensvorbild.

Dann starb Luther, und das sogenannte Konfessionelle Zeitalter brach an, ein Euphemismus für die erbitterten Grabenkämpfe, die die Gralshüter seiner Lehre über Jahrzehnte hinweg ausfochten. Alles, was Luther über Maria gesagt hatte, muss darüber gründlich in Vergessenheit geraten sein, wenn es nicht sogar als Irrlehre bekämpft wurde.

Den Evangelischen empfahl Luther, wie Maria aus dem Hören des Gottesworts zu leben. Als das schönste Gotteshaus des deutschen Protestantismus – die Dresdener Frauenkirche – gebaut wurde, wurde sehr genau darauf geachtet, dass das Evangelium von allen Plätzen gut zu hören war. Die Frauenkirche heißt übrigens mit vollem Namen Kirche Unserer Lieben Frau und ist Maria gewidmet.

Ein wenig mehr protestantische Gelassenheit im Umgang mit Maria würde niemandem schaden. Immerhin reichen sich auch im gemeinsam bekannten Satz „Geboren von der Jungfrau Maria" aus dem Apostolischen Glaubensbekenntnis die beiden christlichen Konfessionen die Hände.

Johannes Siebold

Die Zwillinge

Weisheitsgeschichte

Es geschah, dass im Schoß einer Mutter Zwillingsbrüder empfangen wurden. Die Wochen vergingen, und in dem Maß, wie ihr Bewusstsein wuchs, stieg ihre Freude.

„Sag, ist es nicht großartig, dass wir empfangen wurden? Ist es nicht wunderbar, dass wir leben?"

Die Zwillinge begannen ihre Welt zu entdecken. Als sie die Schnur fanden, die sie mit ihrer Mutter verband und die ihnen Nahrung gab, da sangen sie vor Freude: „Wie groß muss die Liebe unserer Mutter sein, dass sie ihr eigenes Leben mit uns teilt!"

Als aber die Wochen vergingen und zu Monaten wurden, merkten die Zwillinge, dass sich alles veränderte.

„Was soll das bedeuten?", fragte der eine.

„Das heißt", sagte der andere, „dass unser Aufenthalt in dieser Welt bald zu Ende ist."

„Ich will doch gar nicht gehen", entgegnete der eine, „ich möchte für immer hierbleiben."

„Wir haben keine Wahl", sagte der andere, „aber vielleicht kommt noch irgendetwas nach der Geburt?!"

„Was könnte das sein?", zweifelte der Erste. „Wir werden unsere Lebensschnur verlieren, und wie sollen wir ohne sie leben können? Außerdem haben auch schon andere vor uns diesen Schoß hier verlassen und keiner von ihnen ist je zurückgekehrt und hat gesagt, dass es ein Leben nach der Geburt gibt. Nein, das ist das Ende!"

Und er fiel in einen tiefen Kummer. „Wenn unser Leben mit der Geburt endültig endet, welchen Sinn hat es dann gehabt? Gar keinen! Womöglich gibt es gar keine Mutter hinter alldem!"

„Aber sie muss doch existieren", widersprach der andere, „wie sollten wir sonst überhaupt hierhergekommen sein? Und wie konnten wir am Leben bleiben?"

„Hast du etwa jemals unsere Mutter gesehen?", fragte der Zweifler. „Womöglich lebt sie nur in unserer Einbildung. Wir haben sie uns ausgedacht, weil wir uns dadurch unser Leben besser erklären können."

Und so waren die letzten Tage im Schoß der Mutter gefüllt mit vielen Fragen und großer Angst. Schließlich kam der Moment der Geburt. Als die Zwillinge ihre Welt verlassen hatten, öffneten sie ihre Augen.

Und was sie da sahen, übertraf ihre kühnsten Träume.

Überliefert

Schritt um Schritt

Morgenspaziergang

Ich male mir
den Himmel rot
und über schwarze Äcker
ziehe ich meine Spur.
Setze Schritt
um Schritt
auf jenem Weg,
der mir vor Tagesanbruch
unerreichbar schien.

Susanne Rasser

August

Der ist wie ein Baum,
gepflanzt an den
Wasserbächen,
der seine Frucht bringt
zu seiner Zeit,
und seine Blätter
verwelken nicht.

Psalm 1,3

Perspektivwechsel

Tanach und Bibel

Biblia pauperum", „Armenbibel" nennt man Bilderfolgen, auf denen eine neutestamentliche Szene von Bildern oder Texten aus dem Alten Testament gerahmt ist. Angeordnet werden diese Elemente nach einem Typus-Antitypus-Prinzip, das heißt, eine Verheißung im Alten wird zu einer Erfüllung im Neuen Testament in Beziehung gesetzt. Schon die frühen Christen haben die Bibel so gelesen. Mit Setzungen wie „Das Neue Testament ist im Alten verborgen, und im Neuen ist das Alte offenbar" (Augustinus) haben die großen Kirchenlehrer der Spätantike diesen Zugriff auf die Bibel festgeschrieben.

Wie man sich das visuell vorzustellen hat, zeigt die nebenstehende Abbildung. Links ist der israelitische Held Simson aus dem alttestamentlichen Buch der Richter im Begriff, der feindlichen Stadt Gaza zu entkommen; unter dem rechten Arm und auf der linken Schulter trägt er die Stadttore, die er aus den Angeln gerissen hat. Rechts erhebt sich der Prophet Jona aus dem Mund des riesigen Fischs, in dessen Bauch er drei Tage lang ausgeharrt hat. Die beiden flankierenden Erzählungen aus dem Alten Testament präfigurieren als „Vor-Bilder" das zentrale Heilsereignis des Neuen Testaments auf dem mittleren Bild: Mit Segensgeste und Siegesfahne entsteigt der auferstandene Christus seinem Grab. Unten sind die Propheten Hosea und Zefanja abgebildet; ihre Prophetien stehen in lateinischer Sprache auf den Schriftfahnen, sinngemäß: „Am dritten Tag wird er uns auferwecken, wir werden erkennen" (nach Hosea 6); „Am Tag meiner Auferstehung werde ich die Völker sammeln" (nach Zefanja 3).

Illustration aus einer mittelalterlichen Armenbibel aus Esztergom, Ungarn

Einen vollkommen anderen Akzent setzt das zweite Bild auf der Folgeseite, eine Abbildung aus einem Evangeliar des 11. Jahrhunderts. Ein Evangeliar versammelt, wie der Begriff schon vermuten lässt, die neutestamentlichen Evangelien nach Matthäus, Markus, Lukas und Johannes. Üblicherweise zeigt das „Majestas-Domini"-Bildschema den in der Mitte thronenden Herrn als Autor des Ganzen. In der Linken hält er das Buch des Lebens, die Rechte ist zur Segensgeste erhoben. Eingerahmt wird er meist von den vier Evangelisten, die eifrig mitschreiben, was ihnen gesagt wird.

Auf unserem „Majestas Domini"-Blatt sind zwar auch die Evangelisten anwesend: Engel (Matthäus), Löwe (Markus), Stier (Lukas) und Adler (Johannes). Wer aber in Wirklichkeit arbeitet, nämlich

Darstellung der „Majestas Domini", der „Herrlichkeit des Herrn" aus dem Evangeliar „Codex aureus Epternacensis", das zwischen 1030 und 1050 in der Schreibstube des Echternacher Benediktinerklosters entstanden ist

aufschreibt, was der Herr sagt, sind, von links oben im Uhrzeigersinn, die alttestamentlichen Propheten Jesaja, Jeremia, Daniel und Hesekiel. Sie sind Mitautoren auch der Evangelien, und dies völlig zu Recht: Ihr Gottesbild und ihr Gotteswort sind das „Material", aus dem auch die Evangelien gemacht sind.

Zwei Bilder, zwei Lesarten der Bibel. Die Letztere setzt auf Kontinuität und respektiert die Propheten des Alten Testaments als eigenständige Personen. Die Erstere dagegen tendiert dazu, sie zu Lieferanten von Stichworten zu degradieren, die nur in Jesu Lehre und Leben ihre Erfüllung finden. Bis in die Siebzigerjahre des vergangenen Jahrhunderts war diese Auslegungstradition in Schule und Konfirmandenunterricht noch gang und gäbe. Begünstigt wurde diese „Enteignungstheologie" schon sehr früh – durch die Kanonisierung der biblischen Bücher auf dem christlichen Konzil von Karthago im Jahr 397. Damals fanden die Prophetenbücher ihren Platz am Ende des Alten Testaments, sodass sie sich ganz zwanglos „nach vorn" in die Evangelien und neutestamentlichen Schriften hinein lesen ließen. Andere Schriften mit prophetischem Gehalt verschwanden in der Rubrik „Geschichtsbücher".

Dieser Sinnzusammenhang widerspricht gänzlich dem der Hebräischen Bibel, des Tanach. Dort folgen auf die Tora (im Alten Testament die fünf Bücher Mose) zunächst die Bücher, die von prophetischen Gestalten wie Debora, Samuel, Elia oder Elischa geprägt sind; danach kommen die Bücher, die Prophetennamen tragen wie Jeremia oder Jesaja. Die Schriften knüpfen nicht nur erzählerisch an die Tora an, sondern deuten auch die Geschichte des Volkes Israel in ihrem Licht und beschreiben sie als ihre Verwirklichung bzw. Verwerfung. Wer sich mit den Propheten des Alten Testaments beschäftigt, muss ihre Ausrichtung „nach rückwärts" im Blick behalten. Nur so lässt sich ihre spezielle Offenbarungsqualität und ihr Sitz im Leben des Volkes Israel angemessen würdigen.

Regine Collien

Weltraum und Erdental

Stille der Nacht

Willkommen, klare Sommernacht,
Die auf betauten Fluren liegt!
Gegrüßt mir, goldne Sternenpracht,
Die spielend sich im Weltraum wiegt.

Das Urgebirge um mich her
Ist schweigend, wie mein Nachtgebet;
Weit hinter ihm hör ich das Meer
Im Geist und wie die Brandung geht.

Ich höre einen Flötenton,
Den mir die Luft von Westen bringt,
Indes herauf im Osten schon
Des Tages leise Ahnung dringt.

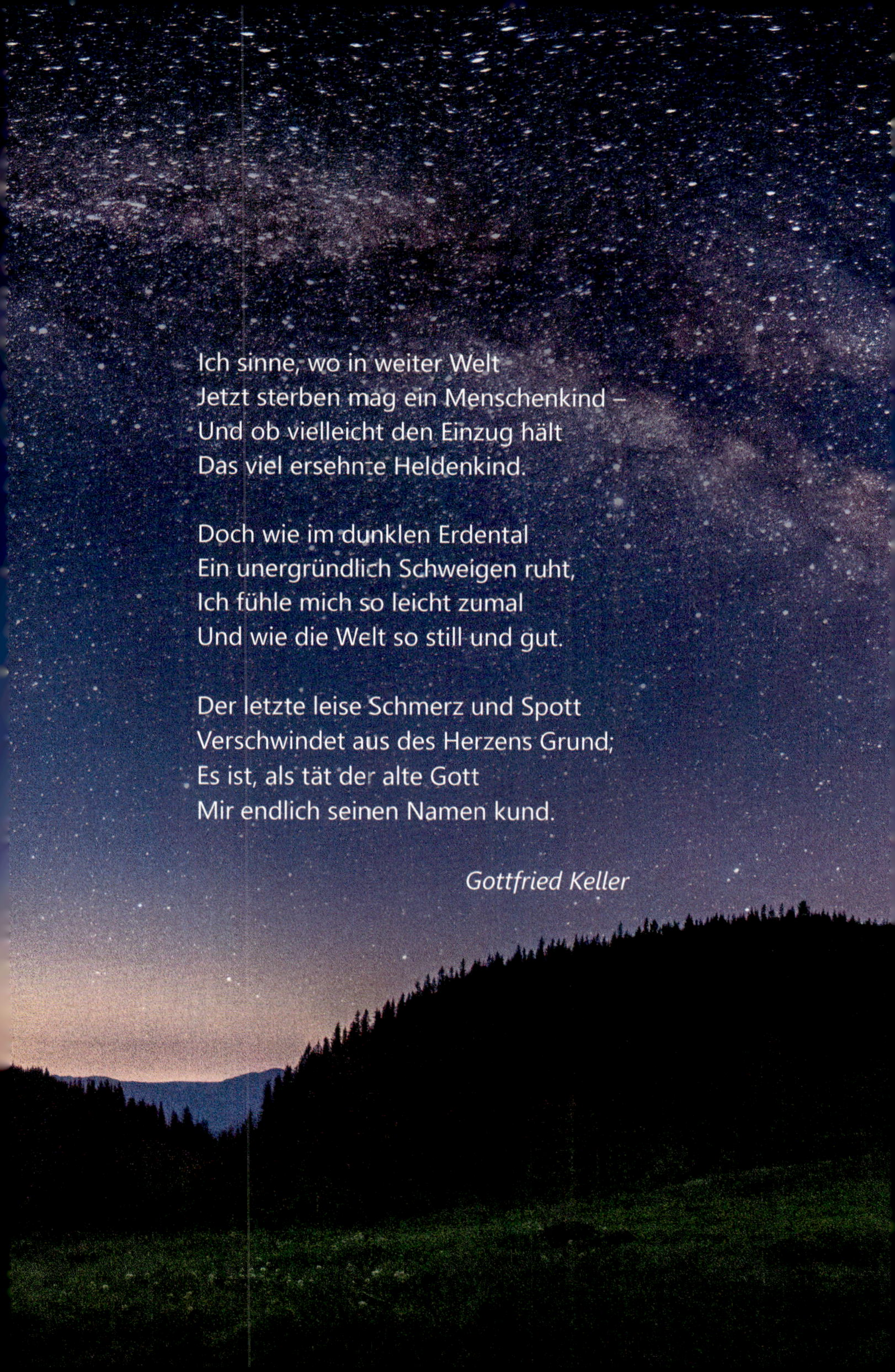

Ich sinne, wo in weiter Welt
Jetzt sterben mag ein Menschenkind –
Und ob vielleicht den Einzug hält
Das viel ersehnte Heldenkind.

Doch wie im dunklen Erdental
Ein unergründlich Schweigen ruht,
Ich fühle mich so leicht zumal
Und wie die Welt so still und gut.

Der letzte leise Schmerz und Spott
Verschwindet aus des Herzens Grund;
Es ist, als tät der alte Gott
Mir endlich seinen Namen kund.

Gottfried Keller

Gestimmte Räume

Urlaub in der Kirche

In Ferienzeiten haben Kirchen Konjunktur. Urlauber*innen besuchen Gotteshäuser und sitzen für eine Weile verstreut in den Kirchenbänken – und dies an ganz normalen Wochentagen, wo doch gar nichts stattfindet.

Doch, es findet etwas statt: die Kirche. Sie selbst ist die Botschaft. Wir kommen als Neugierige oder Fragende und können, wenn wir uns die Zeit nehmen (und die haben wir im Urlaub), die Kirche als Ort der Horizonterweiterung erleben. Kirchen sind „gestimmte" Räume. Aus Raumlinien, Lichtführung, Bildern und Zeichen, Gerüchen und Geräuschen erwächst ein eigenes Universum, das so ganz anders ist als das Chaos draußen vor der Tür. Im Kirchenraum haben sich Schichten gelebter Frömmigkeit abgelagert. Selbst unscheinbare Dorfkirchen können eine Empfindung von Erhabenheit auslösen, die uns für eine Weile still werden lässt.

In Kirchen widerfährt uns, was Hegel die „Erhebung des Gemüts über die Beschränktheit des Daseins" nannte. Was sich da in uns regt, muss nicht immer eine religiöse Stimmung sein. Oft ist es nur ein vages Gefühl von etwas ganz Anderem, das unser eigenes Selbst überschreitet. Wie stark die Empfindung aber sein kann, erleben wir bei ihrem plötzlichen Abbruch – wenn wir ins Getriebe der Welt draußen zurückkehren.

Dort mag es noch so laut und grell zugehen – wir wissen ja jetzt, wo wir das ganz Andere entdecken und auf uns wirken lassen können: in der Kirche, gerade an ganz normalen Wochentagen.

Peter Cordtmann

Die Kehrseite des Ruhmes

Zu Goethes 275. Geburtstag am 28. August

Lange schon weilte Goethe im Olymp, er war dort heimisch geworden, hatte seine Kunst immer weiter ausgeübt, und sie entfaltete eine Blütenpracht, von der die Götter selbst geblendet waren. Der große Dichter nahm ihr Lob wie etwas Erfreuliches hin; dennoch schwebte eine Sehnsuchtswolke über seiner Stirn, und in seinen vom Sonnengott selbst um ihren Glanz beneideten Augen schimmerte manchmal eine Träne.

Vater Zeus bemerkte es und sprach: „Deine olympische Zufriedenheit ist nicht vollkommen. Was fehlt dir, Wolfgang?"

„Kronide", erwiderte Goethe, „der Umgang mit Menschen fehlt mir. Diese Wesen haben mir während meines Erdendaseins freundliche Gesellschaft geleistet. Sie haben auch jedes Wort, das von meinen Lippen fiel, aufgehoben, artig einbalsamiert und mit einigem Eifer registriert und bewahrt zum Nutzen und heitern Genuss ihrer Nachwelt. Wie würde es mir jetzt doch willkommen sein, Vertreter dieser Nachwelt, besonders die jüngsten und also fortgeschrittensten, die Ururenkel meiner Riemer, von Müller, von Meyer, Boisserée, Eckermann und so weiter, hier zu sehen! Ich fühle mich oft gestimmt, ihnen einiges aus den wunderlichen Werken meiner olympischen Periode mitzuteilen."

„Ein bescheidener Wunsch, den ich gern erfülle", sprach Jupiter und winkte.

Im nächsten Augenblick war Goethe umringt von einer Schar fast noch kindlicher Jünglinge und Mädchen. Sie umjauchzten, umschwärmten, umschmeichelten, umarmten ihn. Er wurde angefleht, beschworen, ja bedroht und – schwieg. Immer höher hob

Goethe im Olymp? Nein, Goethe in Weimar, verkleidet als Orest bei der Aufführung seiner „Iphigenie auf Tauris". Kupferstich nach einem Gemälde von Wilhelm von Kaulbach, 1850

sich sein Haupt, immer strenger verzogen sich seine Lippen, und – er schwieg. Schwieg wartend, wartete schweigend, aber der Sturm legte sich nicht.

Endlich streckte er den Arm aus … Zum Halbgott verklärt stand er da, frei von jedem Zug nach Irdischem; auf seiner Brust erlosch ein Stern, mit einer Gebärde, bei der die letzte Spur von Geheimrätlichkeit entwich, wies er den Bedrängern die Pforte.

„Ich staune", bemerkte Jupiter, „warum hast du sie weggeschickt, ohne ihnen etwas von deinen aufgehäuften Geistesschätzen gespendet zu haben?"

„O du Bester und Höchster", lautete die Antwort, „ahnt dir, was sie wollten? Die einen Autographen, die andern wünschten mich zu interviewen, noch andre erkundigten sich, ob mein Verhältnis zu Charlotte von Stein platonisch gewesen; einige schleppten einen ansehnlichen Trichter herbei und verlangten, dass ich meinen Erlkönig hineinsprechen möge."

„Die meisten werden aber doch nach den Werken deiner olympischen Periode gefragt haben."

„Nein. Die meisten wollten mir die ihren vorlesen."

Marie von Ebner-Eschenbach

Mit Essig und Öl

Pastoral-Erfahrung

Meine guten Bauern freuen mich sehr;
Eine „scharfe Predigt" ist ihr Begehr.
Und wenn man mir es nicht verdenkt,
Sag' ich, wie das zusammenhängt.
Sonnabend, wohl nach Elfe spat,
Im Garten stehlen sie mir den Salat;
In der Morgenkirch' mit guter Ruh
Erwarten sie den Essig dazu;
Der Predigt Schluss fein linde sei:
Sie wollen gern auch Öl dabei.

Eduard Mörike

September

Dies ist der Tag,
den der Herr macht;
lasst uns freuen
und fröhlich an ihm sein.

Psalm 118,24

Auf die Füße gestellt

Visionen im Buch Hesekiel

Menschliche Knochen, wohin das Auge blickt, verstreut in einer Wüste, von der Sonne gebleicht. Jäh und wie von Geisterhand beginnen sie sich zu bewegen, rücken zusammen, bilden Skelette. Sehnen, Muskelstränge und Haut ziehen sich darüber. Dann ein Sturmwind aus allen vier Himmelsrichtungen, die herumliegenden Toten werden auf ihre Füße gehoben und formieren sich zu einem riesigen Heer. – Was sich liest wie eine Szene aus dem Filmepos „Herr der Ringe", ist die ziemlich textgetreue Wiedergabe einer der Visionen, die den Propheten Hesekiel heimsuchen (Hes 37,1-14).

597 v. Chr. kapituliert Israel vor der babylonischen Armee. Die israelitische Führungsschicht wird nach Babylon verschleppt, und dort erfährt der junge Priesterprophet Hesekiel seine göttliche

Leonhard Kern, Vision des Hesekiel, Alabaster, um 1645

Berufung. Die ganze Historie Israels hält er den Exilierten, auch den Jerusalemer Priesterkollegen, als ununterbrochene Schuldgeschichte vor Augen. Ihre Gottferne *musste* in den Untergang Jerusalems münden. Doch es gibt gute Aussichten: Gottes rettendes Eingreifen und, dargestellt in einer gewaltigen Vision, die Chance auf ein geläutertes Volk und einen neuen Tempel. Voraussetzung hierfür sind Umkehr und Reue. Aber mit einem Sündenbekenntnis allein ist es nicht getan. Zu weit hat sich das exilierte Volk von Gott entfernt, als dass es den ersten Schritt tun könnte.

Also handelt Gott: Er begnügt sich nicht mit der Korrektur äußerlicher Makel, sondern er reißt steinerne Herzen aus den Körpern heraus, pflanzt neue Herzen ein und belebt die Menschen mit seinem Geist neu. Hesekiel hat so etwas selbst schon bei seiner Berufung zum Prophetenamt erlebt: „Gott sprach zu mir: Du Menschenkind, stelle dich auf deine Füße, so will ich mit dir reden. Und als er so mit mir redete, kam der Geist in mich und stellte mich auf meine Füße" (Hes 2,1-2). Nur „ruach", der ewige Atem Gottes, der schon vor der Schöpfung über der Urflut geschwebt hat, kann die Menschen aufrichten und ihnen zu neuem Leben verhelfen.

Das Buch Hesekiel enthält viele Elemente, die die spätere christliche Überlieferung aufgreift: Die eingangs skizzierte Vision vom Totenfeld findet ihren Nachhall in der neutestamentlichen Auferstehungshoffnung; die große Tempelvision Hesekiels kehrt wieder in der heiligen Stadt Jerusalem am Ende des Offenbarungsbuchs; die vier Mischwesen von Hesekiels erstem Gottesgesicht heftet die christliche Tradition (durch die Hand des Kirchenlehrers Hieronymus) den Evangelisten an: Der geflügelte Mensch symbolisiert Matthäus, der Löwe Markus, der Stier Lukas und aus dem Geier wird der Adler des in theologischen Höhen kreisenden Evangelisten Johannes. Das reinigende und lebenspendende Wasser im Buch Hesekiel begegnet uns in der christlichen Taufe; und im Bild des Propheten, der von Gottes Geist belebt wird, deutet sich das Pfingstgeschehen aus der Apostelgeschichte an.

Hesekiels erste Vision von den Mischwesen, aus einem Buchkommentar zu den Propheten Hesekiel und Daniel, 15. Jahrhundert

Vieles von dem, was Hesekiel in komplexen Bildern beschreibt, gründet in Überlieferungen des Alten Orients. Was ihr Verständnis erschwert, ist die ineinander verschachtelte Darstellung des Gesehenen. Die sogenannte Thronwagenvision – „Der Prophet schaut die Herrlichkeit des Herrn", Hes 1,4-28 – ist hierfür ein Paradebeispiel. An keiner Stelle sagt Hesekiel: „Ich sehe dies und das", sondern: „Es sah aus wie", „es war wie", „anzusehen wie", womit er Filter um Filter zwischen Erzähler und Vision schiebt. So sieht er auch nicht Gottes „Herrlichkeit", sondern er spricht über sie in Vergleichen, die Vergleiche von Vergleichen sind.

Hesekiels Visionen haben Generationen von Künstlern vom frühen Mittelalter bis in die heutige Zeit immer wieder herausgefordert. Gelegentlich haben sie auch komische Blüten getrieben. Der Schweizer Bestsellerautor Erich von Däniken war überzeugt, dass Hesekiel die Landung Außerirdischer erlebt hat. Das dazugehörige Landefahrzeug hat dann ein NASA-Ingenieur rekonstruiert. Angetrieben wurde es durch Kernenergie und ausgesehen hat es wie ein Brummkreisel.

Regine Collien

Es trägt als Duft ihn jeder Wind

Engelgedicht

Ein Engel, hieß es, als wir Kinder waren,
ist unterwegs, der sammelt jeden Schmerz,
den bösen, ungerechten, unduldbaren,
und fliegt hinauf und rührt an Gottes Herz.

Und zu Musik wird einer Schande Name,
es trägt als Duft ihn jeder Wind,
und Traumgespiele, helle, wundersame,
gesellen sich dem Schmerzenskind.

Das plötzlich strahlt. Es sieht: die Himmel rüsten,
dem Qualverstummten Gottes Arm zu leihn ...
Ach, wär es wahr, sagt, wieviel Engel müssten
da heute wohl auf allen Wegen sein!

René Schickele

Durchkreuzte Erwartungen

Zum 250. Geburtstag von Caspar David Friedrich am 5. September

Ein Streifen kümmerlich bewachsenen Sandstrands, Meer und Horizont, ein Himmel, der etwa vier Fünftel der Bildfläche einnimmt; irrlichternde Möwen in der Luft und eine einzelne menschliche Gestalt. „Der Mönch am Meer" ist einzigartig in der langen Geschichte der bildenden Kunst, radikal leergefegt von allen Dingen, die eine Meereslandschaft in der Malerei üblicherweise kennzeichnen.

Die Farben waren noch nicht ganz getrocknet, als das Bild 1810 auf der Berliner Akademieausstellung einem staunenden Publikum gezeigt wurde. Friedrich war umstritten, das bösartige Urteil der „pathologischen Rührung", das der einflussreiche Kunstschriftsteller und preußische Kammerherr Basilius von Ramdohr zwei Jahre zuvor in die Welt gesetzt hatte, war noch nicht verklungen. Die heftigen Reaktionen des Publikums lassen sich ganz gut in den „Empfindungen von Friedrichs Seelandschaft" bündeln, die die Dichter Brentano, von Arnim und Kleist nach ihrem gemeinsamen Ausstellungsbesuch zu Papier brachten. Sie rangieren von tiefer Sehnsucht bis zu unvorstellbarem körperlichem Schmerz, „als ob einem die Augenlider weggeschnitten wären" (Kleist).

Zum ersten Mal begegnen wir einer der typischen Rückenfiguren Friedrichs. Merkwürdig verdreht steht sie da, wie erstarrt in der Bewegung zum Meer hin, als sollten wir Betrachter uns in sie hineinversetzen. Nehmen wir die Einladung an, machen wir eine bestürzende Erfahrung. Wir geben den einzigen Orientierungspunkt preis, den das Bild überhaupt bietet: die Rückenfigur. Unsere Augen irren ohne Halt über die Szenerie, die sich einer räumli-

Caspar David Friedrich, „Der Mönch am Meer“, 1810

chen Entfaltung verweigert. Segelschiffe links vom Mönch, die in der ersten Fassung noch zu sehen waren, hätten unseren Blick in den Bildraum hineingeführt, aber Friedrich hat sie kurz vor dem Abtransport des Gemäldes nach Berlin übermalt.

Die Stofflichkeit dessen, was wir zu sehen bekommen, ist wie auf den Kopf gestellt. Das Meer eine dunkle Wand, die Wolken an manchen Stellen aus widersinnig dicken Farbschichten bestehend, und die Strandzone aus Sandhügeln und spärlichem Grasbewuchs sieht aus, als sei Friedrich über die Grundierung der Leinwand nicht recht hinausgekommen. Auch gibt es keine Bildsymmetrie, die unsere Blicke leiten könnten, keine Mittelachse, keine Diagonalen, keinen goldenen Schnitt, der die Bildfläche in gefällige Proportionen aufteilen würde.

Löst sich das Gewölk gerade auf, oder braut sich ein Unwetter zusammen? Ist es Tag oder Nacht? Tatsächlich hatte Friedrich zu-

nächst ein Tagbild im Sinn, das er dann in eine nächtliche Szene verkehrt hat, nur um am Ende in einer letzten Übermalung den Hintergrund so zu gestalten, dass er so ziemlich alle erdenklichen zeitlichen und meteorologischen Bedingungen auf einmal zeigt. Wie immer wir es anstellen, wir können uns keinen Reim auf all die Ungereimtheiten machen, auf die Bildschichtungen, die mal nach vorn treten und dann wieder in die Tiefe sinken, die unauslotbar, im wahrsten Sinne des Wortes unermesslich sind.

Den Kopf in die Hand gestützt, zitiert der einsame Mönch die Melancholie, im Mittelalter auch Mönchskrankheit genannt. Dazu passt ein Text, der erst vor 30 Jahren aufgetaucht ist und in dem der Künstler in Worte zu kleiden versucht, was er gemalt hat. „Und sännest du auch vom Morgen bis zum Abend ...; dennoch würdest du nicht ersinnen, ergründen, das unerforschliche Jenseits. Mit übermütigem Dünkel wähnest du ... zu enträtseln der Zukunft Dunkelheit! Was heilige Ahndung nur ist, nur im Glauben gesehen und erkannt."

Im Glauben gesehen – religiöse Bildinterpretationen haben den aufklarenden Himmel als Zeichen der Erlösungshoffnung verstanden, und die Restaurierung, die das Bild vor acht Jahren von dunklen Firnisübermalungen befreit hat, scheint ihnen recht zu geben. Wir mögen diesen Überlegungen folgen oder nicht. Sie werden uns kaum aus den Rätseln herausführen, in die uns das Bild beim Betrachten verstrickt.

Wie eine ironische Replik auf Friedrichs „Mönch" wirkt Gustave Courbets Gemälde „Meeresküste bei Palavas" von 1854

Mit dem „Mönch am Meer" hat Friedrich sämtliche damals üblichen ästhetischen Ordnungsvorstellungen gesprengt. Nie wieder hat er ein so radikal „modernes" Bild gemalt. Vom preußischen Hof für die königliche Gemäldesammlung erworben, wurde der „Mönch" Anziehungspunkt für Künstler, die wir heute als Wegbereiter der Moderne bezeichnen: Courbet, Whistler und Munch haben Werke geschaffen, die sich motivisch auf Friedrichs Bild beziehen. Unter den Zeitgenossen sind es Gerhard Richter mit seinen Seestücken oder Gotthard Graubner, der 1968 eine „Hommage à Caspar David Friedrich" gemalt hat, oder der Amerikaner Mark Rothko mit seinen mystischen, an den Rändern verschwommenen Farbklängen.

Wer das „Original" in der Alten Nationalgalerie in Berlin sehen möchte, sollte möglichst zügig nach Öffnung der Pforten den Friedrich-Saal aufsuchen. Vor kaum einem anderen Bild versammeln sich im Lauf des Tages so viele Menschen, um dem einsamen Mönch zuzusehen, wie er das Meer betrachtet.

Veronika Bremer

Schule hat begonnen

Lose Gedanken aus einem (fingierten) Schulaufsatz

Der Mensch hat zwei Beine und zwei Überzeugungen: eine, wenns ihm gut geht, und eine, wenns ihm schlecht geht. Die letztere heißt Religion.

Der Mensch ist ein Wirbeltier und hat eine unsterbliche Seele sowie auch ein Vaterland, damit er nicht zu übermütig wird.

Der Mensch hat neben dem Trieb zur Fortpflanzung und dem, zu essen und zu trinken, zwei Leidenschaften: Krach zu machen und nicht zuzuhören.

Der Mensch gönnt seiner Gattung nichts, daher hat er die Gesetze erfunden. Er darf nicht, also sollen die andern auch nicht.

Um sich auf einen Menschen zu verlassen, tut man gut, sich auf ihn zu setzen; man ist dann wenigstens für diese Zeit sicher, dass er nicht davonläuft. Manche verlassen sich auch auf den Charakter.

Wenn der Mensch fühlt, dass er nicht mehr hinten hoch kann, wird er fromm und weise; er verzichtet dann auf die sauern Trauben der Welt. Dieses nennt man innere Einkehr. Die verschiedenen Altersstufen des Menschen halten einander für verschiedne Rassen: Alte haben gewöhnlich vergessen, dass sie jung gewesen sind, oder sie vergessen, dass sie alt sind, und Junge begreifen nie, dass sie alt werden können.

Der Mensch möchte nicht gern sterben, weil er nicht weiß, was dann kommt. Bildet er sich ein, es zu wissen, dann möchte er es auch nicht gern; weil er das Alte noch ein wenig mitmachen will. Ein wenig heißt hier: ewig.

Im Übrigen ist der Mensch ein Lebewesen, das klopft, schlechte Musik macht und seinen Hund bellen lässt. Manchmal gibt er auch Ruhe, aber dann ist er tot.

Neben den Menschen gibt es noch Sachsen und Amerikaner, aber die haben wir noch nicht gehabt und bekommen Zoologie erst in der nächsten Klasse.

Kurt Tucholsky

Oktober

Danket dem Herr;
denn er ist freundlich,
und seine Güte
währet ewiglich.

Psalm 107,1

Der Herr wird aus Zion brüllen

Amos, Anwalt der Unterdrückten

Im Neuen Testament finden sich nur wenige Referenzen zum Propheten Amos – im Unterschied etwa zu Jesaja, der dort mehr als fünfzigmal zitiert wird. Auch in der langen Kirchengeschichte hat er kaum eine Rolle gespielt. „Die Stunde des Amos" (so ein programmatischer Buchtitel von 1969) schlug umso lauter, als im Kielwasser der 68er-Bewegung überwiegend jüngere Generationen die Kirche an ihre gesellschaftspolitische Relevanz erinnerten. Sie entdeckten Amos als Advokat der Armen, als „Vordenker" der lateinamerikanischen Befreiungstheologie und als biblischen Kritiker der westlichen Überflussgesellschaft.

Amos kommt aus dem Südreich Juda und verkündet Gottes Wort im Nordreich Israel. Damit steht fest: Er agiert außerhalb der weltlichen und religiösen Machtstrukturen und hat keinerlei politische Ambitionen. Genau dies wirft ihm sein Kontrahent Amazja vor, der als Priester von Bethel das klerikale Establishment des Nordreichs vertritt. Amazjas Vorwurf, Amos stifte Aufruhr, kontert Amos mit dem Hinweis, er sei weder Prophet noch Prophetenjünger, sondern nichts weiter als ein Rinderhirt und Maulbeerbaumzüchter. Allerdings habe Gott ihn von seiner Herde weggerufen mit den Worten: „Geh hin und weissage meinem Volk Israel!" (Amos 7,15).

Nun ist dies alles andere als eine gewöhnliche Berufungsszene. Amos stellt sich selbst in die Nachfolge des größten Propheten überhaupt, ohne ihn beim Namen zu nennen: Auch Mose wurde von seiner Herde weggerufen, um das Volk aus der Knechtschaft zu führen und fortan nach Gottes Geboten zu leben.

Im Anschluss an das Amos-Wort vom „Brüllen" des Herrn aus Zion trägt Jerusalem den Ehrennamen Ariel, „der Löwe Gottes". Amos-Mosaik am Herzl Boulevard, einer der wichtigsten Straßen Jerusalems

„Der Herr wird aus Zion brüllen und seine Stimme aus Jerusalem hören lassen, dass die Auen der Hirten vertrocknen werden und der Karmel oben verdorren wird." (1,2) Mit diesem Paukenschlag eröffnet Amos seine Prophetien, zunächst gegen die Nachbarvölker Israels – eine einzige Auflistung von Abscheulichkeiten: Kriegsverbrechen, Deportation, Menschenhandel –, dann gegen Israel selbst.

Ein paar Beispiele gefällig? Da wäre die Versklavung von in Not geratenen Menschen, die Entrechtung und sexuelle Ausbeutung Schutzbefohlener; die Zweckentfremdung von Bußgeldern für

Saufgelage im Tempel, Götzenanbetung, Bestechung; in Luxus und auf Kosten der Armen schwelgende „fette Kühe" (4,1) und betrügerische Kaufleute.

Amos nimmt aber nicht nur die Opfer mitleidig in den Blick, sondern identifiziert auch die Täter: Die Zentren der Macht, Paläste und Gotteshäuser, sind die Brutstätten und tragenden Säulen der im wahrsten Sinne des Wortes pervertierten Verhältnisse. Nicht von ungefähr erinnert das Amos-Buch an mehreren Stellen an den Exodus aus der ägyptischen Sklaverei. Gott hat seinem Volk den Weg aus der Unfreiheit in die Freiheit gewiesen, Rechtlosigkeit in Gerechtigkeit verwandelt und Israel vom Tod ins Leben geführt. Was Amos in krassen Worten geißelt, ist der derzeitige Weg Israels in genau die entgegengesetzte Richtung, ungeachtet göttlicher Warnzeichen wie Trockenheit, Heuschreckeneinfälle oder Epidemien. Mit diesem Volk ist nichts mehr zu machen.

Tatsächlich wurden die Gerichtsansagen des Amos bestätigt. So jedenfalls hat die zeitgenössische Geschichtsschreibung den Untergang des Nordreiches 722 und den Fall Jerusalems 587/586 v. Chr. gedeutet. Dabei muss man allerdings wissen, dass das Amosbuch wie viele andere biblische Bücher aus mehreren Schichten besteht, deren jüngste erst nach 539 v. Chr. geschrieben wurde. Da war das Volk Israel aus der Verschleppung nach Babylon bereits die Heimat zurückgekehrt.

In starkem Kontrast zu den drastischen Drohworten und Untergangsszenarien folgt am Schluss des Amosbuchs ein hoffnungsvoller Ausblick in berührend zarten Worten. Gott werde die „zerfallene Hütte Davids wieder aufrichten und ihre Risse vermauern und, was abgebrochen ist, wieder aufrichten" (Amos 9,11). Und er wird die Menschen seines Volks wieder „in ihr Land pflanzen, dass sie nicht mehr aus ihrem Lande ausgerottet werden, das ich ihnen gegeben habe, spricht der Herr, dein Gott" (9,15).

Regine Collien

In Gottes Dienst

Das dritte Gebot

Die Feiertagsruhe ist die unerlässliche Voraussetzung der Feiertagsheiligung. Der zur Arbeitsmaschine herabgewürdigte, übermüdete Mensch braucht Ruhe, damit sein Denken sich klären, sein Fühlen sich reinigen, sein Wollen sich neu ausrichten kann.

Die Feiertagsheiligung ist der Inhalt der Feiertagsruhe. Die Heiligung des Feiertags geschieht durch die Verkündigung des Wortes Gottes im Gottesdienst und durch das bereitwillige und ehrfürchtige Hören dieses Wortes. Die Entheiligung des Feiertags beginnt mit dem Verfall der christlichen Verkündigung. Sie ist also in erster Linie Schuld der Kirche und insbesondere der Amtsträger. So geht die Erneuerung der Feiertagsheiligung von der Erneuerung der Predigt aus.

Dietrich Bonhoeffer

Zwei Brüder

Weisheitsgeschichte zum Erntedankfest

Zwei Brüder bewirtschafteten gemeinsam ein Feld. Wenn sie die Ernte einbrachten, teilten sie die Garben gleichmäßig untereinander auf. Eines Nachts fand der Ältere der beiden keine Ruhe: Mein Bruder hat eine Familie zu ernähren, und ich bin allein. Und doch habe ich genauso viel geerntet wie er. Das ist nicht gerecht.

Also stand er auf, nahm von seinen Garben und legte sie zum Anteil seines Bruders.

In der gleichen Nacht lag auch der Jüngere wach: Ich bin mit einer Familie reich beschenkt, dachte er, und mein Bruder hat niemanden, der später für ihn sorgen wird. Das ist nicht gerecht.

Auch er stand auf und legte von seinen Garben einen Teil auf die Seite seines Bruders.

Am nächsten Tag stellten beide Brüder verblüfft fest, dass ihr Anteil genau gleich geblieben war. Sie aber verloren kein Wort darüber. In der zweiten Nacht warteten beide eine geraume Weile, bis sie den jeweils anderen schlafend wähnten. Dann machten sie sich zur gleichen Zeit auf, jeder einen Stoß Garben im Arm. Auf halbem Weg trafen sie aufeinander. Da erkannte jeder, wie gut es der andere mit ihm meinte. Sie ließen ihre Garben fallen und umarmten einander in brüderlicher Liebe.

Gott im Himmel aber schaute auf sie herab und sagte: Hier will ich unter den Menschen wohnen.

Überliefert

Vertraut den neuen Wegen

35 Jahre friedliche Revolution in Deutschland

Schon im Sommer 1989, als noch niemand ahnte, was da kommen würde, trieb der damalige Ostblock unterschwellig auf die Ereignisse des Herbstes zu. In der DDR setzten die einen ihre Hoffnung auf Gorbatschow und seine Perestroika, träumten von einem reformierten Sozialismus mit menschlichem Gesicht. Andere nutzten den nicht mehr so eisernen Vorhang in Ungarn und flüchteten in den Westen.

Zu dieser Zeit heiratete in Eisenach ein Brautpaar. Getraut wurde es von einem Pfarrer aus dem Westen und dem ostdeutschen Patenonkel der Braut. Sein Name: Klaus-Peter Hertzsch, Theologieprofessor aus Jena, zugleich ein begabter Dichter. Am Vorabend der Trauung ließ er sich von der Muse küssen und schrieb als persönliches Hochzeitsgeschenk flugs noch ein Lied für den Gottesdienst.

Ein lateinisches Sprichwort lautet: *Habent sua fata libelli* – Bücher haben ihre eigenen Schicksale. Das kann auch für Lieder gelten: *Habent sua fata cantica!* „Vertraut den neuen Wegen", spontan niedergeschrieben, entfaltete eine gar nicht zu ahnende Wirkung, die seinen privaten Ursprung völlig gesprengt hat. Die am Traugottesdienstes Teilnehmenden fühlten sich vom Liedtext so berührt, dass er danach von vielen

abgeschrieben oder hektografiert wurde und ganz schnell seinen Weg in die Gemeinden der ganzen DDR fand. So wurde ein persönliches Hochzeitslied zu einer prophetischen Zeitansage für das, was in den kommenden Monaten in der DDR geschehen sollte.

Auch in den Montagsgebeten der Leipziger Nikolaikirche erklang „Vertraut den neuen Wegen" – gerade in den kritischen Wochen im September und Oktober 1989. Das Lied verhalf den Menschen in jenem unvergessenen Herbst 1989 zum beherzten, aufrechten Gang aus den Kirchen auf die Straßen, mit Kerzen in der Hand.

Wenige Jahre nach der Wende wurde Hertzschens Lied unter der Nummer 395 ins neue Evangelische Gesangbuch aufgenommen; es zählt zu den am häufigsten gesungenen, ein moderner Klassiker, den wir so selbstverständlich anstimmen wie die Choräle von Paul Gerhardt.

Das Lied ist voller großer biblischer Bilder. Die Schöpfung, in der Gott diese Welt und als ihre Krone den Menschen aus dem Nichts ins Sein gerufen hat. Der Regenbogen aus der Sintflutgeschichte, in dem sich den ängstlich auf der Arche Ausharrenden neues Leben ankündigt. Abraham, der sich auf Gottes Geheiß auf den Weg macht ins unbekannte Land. Diese Bilder kommen durch einprägsame Formulierungen zum Leuchten: „Er selbst kommt uns entgegen" – „Wer aufbricht, der kann hoffen" – „Er will uns dahin leiten, wo er uns will und braucht" – und am Ende, alles bündelnd: „Das Land ist hell und weit." Die Christinnen und Christen, die jenen Herbst vor 35 Jahren unmittelbar erlebt haben, können jede Sentenz des Liedes auf die damaligen Geschehnisse beziehen. Sie sagen: Ja, wir haben damals die Befreiung aus vierzigjähriger Knechtschaft als ein Wunder, ein Gottesgeschenk erlebt, als die Chance des Aufbruchs in etwas ganz Neues, das wir niemals zu hoffen gewagt hatten.

Der Liedtext ist ganz von der Bewegung des Aufbruchs bestimmt. Immer wieder in der Geschichte des Volkes Israel und dann auch der Christenheit wird der Exodus, der Aufbruch Israels aus der Sklaverei, zum großen Bild, das die Kraft gibt, sich von Verfolgung und Unterdrückung nicht kleinkriegen zu lassen. Freilich wäre Klaus-Peter Hertzschens Lied niemals so populär geworden, hätte es sich nicht auch über die damalige Situation hinaus bewährt und auch in ganz anderen existenziellen Situationen sprechend und stärkend gewirkt. Man sollte sich hüten, seine Aussagen zu unmittelbar allegorisch auszulegen. Wenn es da heißt: „sind Menschen ausgezogen / in das gelobte Land", dann hat Klaus-Peter Hertzsch damit nicht gemeint, dass die Menschen aus der maroden DDR in das gelobte Land BRD aufbrechen sollten. Und so sehr die Formulierung „Die Tore stehen offen" an die Erfahrung des 9. November 1989 denken lässt: Die Hoffnung der Christen meint etwas ganz anderes, sie geht weiter. Klaus-Peter Hertzsch hat später gesagt: „Ich sehe mit Staunen und Dankbarkeit, wie ein einfacher Text, der für einen speziellen, begrenzten Anlass geschrieben wurde, Leben gewinnt aus der biblischen Botschaft, der er sich verdankt, und aus der Zeit- und Gotteserfahrung von Gemeinden, in denen er gesungen wird."

Am Ende, in der letzten Strophe des Liedes, weitet sich der Horizont noch einmal, indem die Berufung eines jeden Christen unterstrichen wird. „Vertraut den neuen Wegen, / auf die uns Gott gesandt / Er selbst kommt uns entgegen, / die Zukunft ist sein Land." Wir Menschen sind von uns aus unterwegs zu Gott – aber Er kommt uns schon entgegen. Hier schwingt das Bild aus dem Gleichnis vom verlorenen Sohn mit, der sich mit letzter Kraft zurück nach Hause schleppt, voller Angst, was ihn da wohl erwartet – und sein Vater, der nie aufgegeben hatte, auf ihn zu warten, läuft ihm jubelnd entgegen. Bevor wir ans Werk gehen, ist Gott immer schon da und dabei.

Oder in den Worten von Klaus-Peter Hertzsch, vorgetragen vor 40 Jahren und damit fünf Jahre vor der Wende: „Die Zukunft erwarten wir – mutlos und gespannt, planend oder hinnehmend. Aber das Reich Gottes erwartet uns und hat seine Türen weit aufgetan, erwartet uns quer durch die Zeit, unaufhörlich – jetzt."

Markus Engelhardt

Herbst des Lebens

Was Altwerden heißt

Die Natur ist zu beneiden. Im Herbst gibt sie noch einmal alles, bevor sie sich entfärbt. Uns Menschen, den alten zumal, ist das nicht gegeben. Ich merke, wie meine Kräfte nachlassen. Ich lerne, mit Einschränkungen zu leben. Ein wenig Übung habe ich schon darin, mit Krankheiten und Verlusten umzugehen. Aber ich darf auch loslassen, Unwichtiges beiseitelegen. Die Kreise werden kleiner. Damit zurechtzukommen, ist Teil der Kunst, das Altwerden zu akzeptieren.

Altwerden heißt auch: abdanken lernen. Die Kunst des Abdankens ist, wie der evangelische Theologe Fulbert Steffensky geschrieben hat, eng mit der Frage verknüpft, was wir den nachfolgenden Generationen vermachen. Wir müssen uns nicht

verstecken. Mit einer Mischung aus Demut und Stolz können wir sehen, „dass die, die nach uns kommen, von den Lebensbroten leben, die wir für sie gebacken haben. Sie sind die Erben unseres kleinen Gelingens, nicht nur unserer Schulden. Sie stehen auf unseren Schultern mit ihrem eigenen Leben, wie wir unser ganzes Leben lang auf den Schultern von anderen gestanden haben. So war unser Leben nicht umsonst."

Unser Vermächtnis an die Kinder und Kindeskinder lautet, in zwei Sätzen zusammengefasst: Wir haben erfahren, dass die Erde trägt und das Leben gut gehen kann. Und wir wissen, dass es eines Tages auch ohne uns weitergehen wird.

Abschiednehmen fällt schwer, ist aber unausweichlich. Manche finden Trost in dem Gedanken, dass alles Leben einem Muster von Abschied und Neubeginn folgt, so wie es in den Jahreszeiten abgebildet ist. Ohne Winter kein Frühling. Altwerden verlangt uns einen Rollentausch ab, bedeutet eine Einübung in die eigene Ohnmacht und Bedürftigkeit. Das Wörtchen „noch", das uns schon einige Jahrzehnte begleitet, macht sich immer breiter. Es trägt die Vergänglichkeit in sich und ist doch ein Freund, der die Worte „nicht mehr" in die Schranken weist: „Noch kann ich ..." Und wieder spüre ich die Sonne auf der Haut. Und wieder sehe ich die Kinder spielen.

Die Kreise werden kleiner,
aber ich breite mich aus
in dem Raum, der mir
bleibt – bis in den letzten Winkel.

Martin Hüls

Reformation und Revolution

Zum Reformationsfest am 31. Oktober

Historisch hat die theoretische Emanzipation eine spezifisch praktische Bedeutung für Deutschland. Deutschlands revolutionäre Vergangenheit ist nämlich theoretisch, es ist die Reformation.

Luther hat allerdings die Knechtschaft aus Devotion besiegt, weil er die Knechtschaft aus Überzeugung an ihre Stelle gesetzt hat. Er hat den Glauben an die Autorität gebrochen, weil er die Autorität des Glaubens restauriert hat. Er hat die Pfaffen in Laien verwandelt, weil er die Laien in Pfaffen verwandelt hat. Er hat den Menschen von der äußeren Religiosität befreit, weil er die Religiosität zum inneren Menschen gemacht hat. Er hat den Leib von der Kette emanzipiert, weil er das Herz in Ketten gelegt hat.

Aber, wenn der Protestantismus nicht die wahre Lösung, so war er die wahre Stellung der Aufgabe.

Karl Marx

Jetzt haben es beide Revolutionäre sogar zum Ampelmännchen gebracht: Luther in Worms, Marx in Trier

November

Wenn ich sehe die Himmel,
den Mond und die Sterne,
die du bereitet hast:
was ist der Mensch,
dass du seiner gedenkst?

Psalm 8,4-5

Der Prophet, der keiner sein wollte

Jona

Unter einem Propheten stellt man sich gemeinhin einen wortgewaltigen Jesaja oder einen zornigen Amos vor oder einen Hosea, der den Wechsel von Gerichts- und Rettungsansagen dramatisch effektvoll in Szene setzt. Nichts von alledem zeichnet den Propheten Jona aus. Die Gottesbotschaft, die er zu verkünden hat, lässt sich in einem einzigen Satz sagen (und sagt die Bibel auch in einem einzigen Satz), als käme es dem Verfasser des Jonabuchs gar nicht so sehr darauf an. Tatsächlich steckt seine Botschaft weniger in der Prophetie als in der Erzählung. Wobei Gott im Hintergrund die Fäden zieht und das Geschehen durch seine Schöpfung steuert – durch den Wind, einen großen Fisch, eine Rizinusstaude, einen Wurm, die sengende Sonne.

„Mache dich auf und gehe in die große Stadt Ninive und predige wider sie; denn ihre Bosheit ist vor mich gekommen", lautet die Weisung Gottes. Gesagt, getan? Nein, anstatt ostwärts nach Ninive aufzubrechen, ergreift Jona die Flucht in die entgegengesetzte Richtung. Er besteigt ein Schiff, das nach Tarsis unterwegs ist – so etwas wie das westliche Ende der damals bekannten Welt.

Gott lässt einen Sturm aufkommen. Jona liegt im Bauch des Schiffs und schläft. Der Sturm wird zur Bedrohung, die Besatzung bittet Jona, etwas zu unternehmen. Jona, der genau weiß, woher der Sturm kommt, fordert die Seeleute auf, ihn ins Meer zu werfen. Gesagt, getan.

Doch Jona ertrinkt nicht, sondern wird von einem Fisch verschluckt. Im Schiffsbauch hat er noch toter Mann gespielt, im Fischbauch rappelt er sich auf und bekennt sich in einem der schönsten

Die Jonageschichte in zwei Teilen: Oben wird Jona regelrecht in den Fisch hineingestopft, unten spuckt ihn der Fisch direkt vor das Stadttor von Ninive. Kapitell im Langhaus der Abteikirche von Mozac in Zentralfrankreich, vor 1150

Gebete, die es in der Bibel gibt, zu Gott und zu seinem Auftrag. Nach drei Tagen speit ihn der Fisch an Land. Jona geht nach Ninive und predigt seinen Bewohnern: „Es sind noch vierzig Tage, so wird Ninive untergehen." Ein Satz, zwei Botschaften: Ninive wird untergehen, aber erst in vierzig Tagen. Die genannte Frist setzt unerhörte Anstrengungen frei. Am Ende bereut ganz Ninive, sogar das Vieh geht in Sack und Asche. Gott hat Mitleid und verschont die Stadt. Ende gut, alles gut?

Fast alles, nur Jona verweigert sich jeder Einsicht. Hab ich's doch gewusst!, beklagt er sich bei Gott. Was sollte ich nach Ninive gehen und den Untergang verkünden, wenn du sowieso nicht tust, was du ankündigst? Dass sich Gott ausgerechnet einem fremden Volk – zudem einem erklärten Feind Israels – voller Mitleid zuwendet, mag sein Prophet nicht akzeptieren; dass auch das fremde Volk Teil von Gottes Schöpfung ist, sieht er nicht. Lieber möchte er tot sein. Dann baut er sich in sicherer Entfernung der Stadt eine Hütte und wartet – worauf? Vielleicht doch auf den Untergang?

Gott lässt eine Rizinuspflanze wachsen, die Jona Schatten spendet. So lässt sich's leben. Doch Gott schickt einen Wurm hinterher, der den Rizinus verdorren lässt und Jona der Sonne und einem heißen Ostwind aussetzt. Zum zweiten Mal sagt Jona, er möchte am liebsten tot sein.

Gott spricht in Bildern. Das Denken nimmt er seinem Propheten nicht ab. Jona bedauert das Ende einer unbedeutenden Pflanze (wahrscheinlich bedauert er vor allem sich selbst). Aber er ist nicht dazu in der Lage, das unermessliche Bedauern Gottes zu begreifen, wenn es um eine so riesige Stadt wie Ninive geht. Auch ihr gilt die bewahrende Sorge des Schöpfers. Jona versteht nicht, weil er wie ein kleines Kind alles, was Gott tut, nur auf sich und seinen begrenzten Horizont bezieht.

Gott beendet die Jona-Geschichte mit der Frage: „Und mich sollte nicht jammern Ninive, eine so große Stadt, in der mehr als hundertzwanzigtausend Menschen sind, die nicht wissen, was rechts oder links ist, dazu auch viele Tiere?" Der störrische Prophet Jona ist da schon ganz aus dem Blickfeld geraten, denn die Frage wendet sich an die Leser- oder Zuhörerschaft: Werden sie, werden wir uns von Gottes Mitleid anstecken lassen, selbst wenn es einem Feind Israels zugutekommt?

Vielleicht muss man es als Ironie der Geschichte bezeichnen, wenn im Erzählzusammenhang der biblischen Bücher der „übernächste" Prophet Nahum Ninives endgültigen Untergang ankündigt – bewirkt durch Gottes Macht, Zorn und Güte gegenüber seinem Volk Israel.

Regine Collien

Kirchenbewegung

Der schiefe Turm von Suurhusen

Seit 2007 steht Suurhusen im Guinness-Buch der Rekorde. Das verdankt der kleine Ort in Ostfriesland seinem Kirchturm. Der ist zwar nur halb so hoch wie sein berühmter Bruder in Pisa, aber dessen Neigung von 3,97 Grad toppt er locker mit 5,19 Grad. Rund 10 000 Besucher im Jahr lockt Suurhusen jedes Jahr an.

Die Kirche wurde in der ersten Hälfte des 13. Jahrhunderts gebaut, der Turm kam erst 1450 dazu. Im 19. Jahrhundert, als das umliegende Land entwässert wurde, sank der Grundwasserspiegel. Das Turmfundament aus Eichenstämmen fing durch die Luftzufuhr an zu modern, und der Turm begann sich zu neigen. Durch aufwändige Sanierungsarbeiten wurde das Fundament mit Stahl und Beton stabilisiert.

Ein Guinnessbuch-Eintrag kostet Geld, und daher wird der Suurhusener Turm wohl bis auf Weiteres offiziell der schiefste bleiben. Wer aber den allerallerschiefsten Turm der Welt sehen will, muss ins rheinland-pfälzische Gau-Weinheim fahren. Der dortige Glockenturm ist mit 5,4277 Grad aus dem Lot.

Alexandra Roth

Die Kirche von Suurhusen im Novembernebel

Hin und her geschleudert wie ein Billardball

Von einem, der auszog

Anno 1814 lag die napoleonische Neuordnung Europas in Trümmern. Der Winterfeldzug der „Großen Armee" war zu Ende. Hunderttausende hatten ihr Leben gelassen. Von den 15 800 württembergischen Soldaten, die an Napoleons Seite nach Russland eingefallen waren, hatten wenige Hundert überlebt. Darunter auch Wachtmeister Peter.

Wachtmeister wer?

Benedikt Peter, am 21. März 1785 in Wellendingen bei Rottweil geboren, wuchs in einfachsten Verhältnissen auf. Die Aussicht, als Viehhirt auf den kargen Weiden des Schwarzwalds dereinst sein Leben zu beschließen, schien dem jungen Mann nicht sonderlich attraktiv. Ihn lockte die weite Welt. Die sollte er auch kennenlernen. Württemberg war 1806 zum Königreich von Napoleons Gnaden erhoben worden. Seinem Gönner zum Dank stellte der frischgebackene König Friedrich mehrere Infanterie- und Kavallerieregimenter zur Verfügung. Peter meldete sich zur Kavallerie. Das kleine Einmaleins des Soldatendrills wurde ihm in den Kasernen von Ludwigsburg und Stuttgart beigebracht, das heißt, dem Rekruten wurde der Bauer mit Stockschlägen ausgetrieben. Dann ging es in den Krieg, zunächst gegen Preußen, dann gegen Österreich und schließlich, 1812, gegen Russland. Erst nach zwölf Jahren betrat Benedikt Peter wieder heimatlichen Boden.

Anscheinend war er ein guter Soldat, denn immerhin brachte er es zum Oberwachtmeister. Lesen und Schreiben lernte er bei

Das ganze Elend erfrierender Soldaten auf dem Rückzug von Moskau hat der württembergische Generalmajor Christian Wilhelm von Faber du Faur eingefangen. Seine dokumentarischen Skizzen, die er fast täglich anfertigte, fasste er später unter dem lakonischen Titel „Blätter aus meinem Portefeuille" zusammen. Zeitgenössische Lithografie, 1831

der Truppe. Was er erlebt haben muss, kann sich, wer in Friedenszeiten aufgewachsen ist, kaum vorstellen. Von posttraumatischen Belastungsstörungen wusste man damals noch nichts. Die seelischen Verheerungen lassen sich allenfalls erahnen. Vom französischen Schriftsteller Stendhal ist bekannt, dass er nach Napoleons Winterfeldzug für den Rest seines Lebens den Anblick von Schnee nicht mehr ertrug.

Wachtmeister Peter hatte Glück wie nur wenige andere. Er blieb am Leben. Im November 1818 war für ihn der Krieg zu Ende. So-

Ansicht von Esslingen. Hier übernahm Peter als Pensionär eine Wirtschaft, wurde Gerichtsbeisitzer und gelangte zu einigem Ansehen

weit es die Verkehrsverbindungen zuließen, unterhielt Peter Kontakte zu ehemaligen Kameraden, insbesondere zu Johann Heinrich Franck, seinem einstigen Quartiermeister. Der hatte aus Frankreich ein Rezept zur Herstellung von Zichorienkaffee mitgebracht und die überaus erfolgreiche „Landkaffee Manufaktur" in Vaihingen an der Enz gegründet. Nebenbei: Die „Muckefuck"-Dynastie Franck erfand den „Caro-Kaffee", der noch heute produziert wird.

So brachte der eine aus dem Krieg eine Geschäftsidee mit, der andere Erinnerungen an seine Erlebnisse, die ihn nicht mehr losließen. „Da ich nun im vierundsiebzigsten Lebensjahr stehe und mein Leben nicht nur ein sehr bewegtes, sondern ein stürmisches war, habe ich mir vorgenommen, die Notizen aus meinem Tagebuch zusammenzutragen", beginnen Benedikt Peters Erinnerungen. Zunächst diktierte er sie einer Nichte, dann griff er selbst zum Schreibstift.

Am 8. Januar 1863, nach Beendigung seiner irdischen Aufgabe, schloss er für immer die Augen. Fünf vollgeschriebene Hefte wurden in der Verwandtschaft herumgereicht, bis jemand auf die Idee kam, sie in Druck zu geben. Das Buch findet man heute nur noch in wenigen Bibliotheken. Von der ermüdenden Häufung detailliert geschilderter Zweikämpfe sollte man sich nicht abschrecken lassen. Was Peters Aufzeichnungen lesenswert macht, ist ihre Distanz zur patriotischen Radaulyrik und -prosa, wie sie Dichtern wie Ernst Moritz Arndt oder Theodor Körner aus der Feder gelaufen ist.

Bei Peter spielt das Vaterland keine Rolle, denn der einfache Soldat wird ja doch nur „hin und her geschleudert wie ein Billardball" – je nachdem, ob es dem Kriegsherr beliebte, sich auf diese oder auf jene Seite zu schlagen. Und zur Völkerschlacht, die so viele Barden späterhin zu inbrünstigen Schlachtgesängen beflügelt hat, meinte Peter lakonisch: „Ich hatte in dem scheußlichen Infanteriefeuer Zeit und Mus, meine Glossen über den Krieg zu machen; ich habe ihn hier in seiner ganzen Verworfenheit gesehen ... Sollte man glauben, dass die Völker in mehreren tausend Jahren in ihrer Bildung noch nicht weiter vorgerückt sind, dass sie noch so ein Unding eines Krieges hervorrufen oder aufkommen lassen?"

Eine Frage, die bis heute leider mit Ja beantwortet werden muss – auch noch gute 160 Jahre nach dem Tod des ehemaligen Schwarzwälder Hütejungen Benedikt Peter, der ausgezogen war, die Welt kennenzulernen, und mit dem Leben davonkam.

Stefan Jassoy

Es werden kommen die Tage

Zum Ewigkeitssonntag am 30. November

Es ist uns Menschen schier unmöglich, sich den eigenen Tod vorzustellen. Und zugleich weiß es jeder: Die einzig todsichere Sache im Leben ist der Tod.

Beides stimmt: Ich kann und mag mir die Welt nicht ohne mich denken, und zugleich weiß ich, sie hat Millionen von Jahren ohne mich existiert, und sie wird nach der kurzen Frist meines Lebens weitere Millionen von Jahren wieder ohne mich existieren.

Was fange ich mit diesem todsicheren Wissen an?

Da gibt es letztlich nur zwei Möglichkeiten, von denen schon die Bibel weiß: „Lasset uns fressen und saufen, denn morgen sind wir tot“, beschreibt sie die eine Option. Das meint die Lebenshaltung des Menschen, der – koste es, was es wolle – alles mitnimmt. Ohne Rücksicht auf Verluste, ohne Voraussicht und ohne Respekt vor der Zukunft und vor den Folgen seiner Handlungen.

Die andere Lebenshaltung beschreibt die Bibel als das Bemühen um eine tägliche Denkübung: „Herr, lass uns bedenken, dass wir sterben müssen, auf dass wir klug werden.“ Das ist eine schwere Übung – sozusagen gegen unsere Natur. Jeden Tag. Statt uns in die Grenzen des Lebens einzuüben, wünschen wir uns aber lieber

das ewige Leben vor dem Tod, auch wenn wir rasch erkennen müssen, dass die ewige Jugend uns vorenthalten bleiben wird.

Dass wir um den Tod wissen, macht uns Menschen zum Menschen. Es unterscheidet uns vom Tier. Das Wissen um unseren Tod macht uns zu Wesen der Zeit. Es ist nicht die zyklisch sich erneuernde Zeit des Jahreslaufs oder der Uhr. Vielmehr ist es die Zeit, die als Einbahnstraße aus der Vergangenheit über die Gegenwart in die Zukunft führt und für den Einzelnen unausweichlich ein Ende hat.

Und so wird das todsichere Sterben zur lebenslangen Aufgabe. Und meine Haltung zum Danach, meine Einstellung zu dem, was ich hinter dem Horizont erwarte, entscheidet darüber, wie mein Leben und mein Sterben aussieht.

Ist das Leben für mich eine in sich geschlossene und endliche Geschichte ohne Gott, ohne transzendenten Bezug, so ist nicht einzusehen, warum ich nicht – notfalls auch auf Kosten aller anderen – die Angebote des Lebens mit tödlicher Gier – bis zur bitteren Neige – konsumieren soll. Oder die andere Alternative: Ich weiß mich aufgehoben und geborgen in einem Leben, das ich mir nicht selbst geschenkt habe, das darum nicht mein Eigentum ist und über das ich eines Tages werde Rechenschaft ablegen müssen. Dann werde ich fragen nach dem, was mich bis hierher gebracht hat und was mich weiterträgt.

„Ich will euch tragen, bis ihr grau werdet. Ich habe es getan; ich will heben und tragen und erretten", richtet der Prophet Jesaja von seinem Gott aus. Was für eine Gelassenheit strömt durch diese Zusage. Ich will euch tragen, bis ihr nicht mehr könnt. Ja. Ich darf

alt werden. Ja. Ich darf schwach und dement und impotent und inkontinent werden. Nein. Es haben mir das Leben und Gott niemals einen Rosengarten versprochen. Und wer das tut, lügt. Keiner kann das schmerzlose Leben versprechen, keiner das leidlose Alter, keiner den Bilderbuch-Tod. Schon die Weisheit im Alten Testament formuliert lakonisch und eisern: „Und es werden kommen die Tage, von denen du sagen wirst, sie gefallen mir nicht."

Sie kommen für uns alle unausweichlich.

Aber wir könnten etwas von dieser Gelassenheit atmen lernen, die dem alten Text des Jesaja entströmt. Denn wenn ich mich getragen fühle, kann ich auch das Loslassen lernen. Und ich kann langsam und mühsam lernen, mich den anderen zuzumuten.

Leben entsteht und Liebe erblüht, wenn ich mich mit all meinen Ängsten, den Dunkelheiten und Traurigkeiten dem Anderen, dem Vertrauten zumute.

Die Zumutung meines Lebens gelassen teilen, dazu könnte der Glaube verlocken. Die Überzeugung: Ich muss nicht alles ausschöpfen. Ich kann in Würde mit meinen Gebrechen, meiner Geschichte, mit den offenen Enden meiner Biografie leben.

Dazu gehört auch, dass ich das Loslassen lerne. Das Loslassen von den Ansprüchen an den eigenen Lebensentwurf. Das Loslassen von den Ansprüchen an den anderen Menschen. Das Loslassen vom Zwang, geliebt zu werden. Das Loslassen von der Scham gegenüber der eigenen Schwäche. Und ich muss üben – trotz allem –, mit mir selbst zufrieden zu sein.

An der Grenze, die sich in der Schwäche ankündigt und im Tod endet, ist der Glaube an einen Gott, der trägt und rettet und auferweckt, lebens- und sterbensentscheidend.

Die Bibel spricht von einem anderen Leben nach dem Tod. Sie spricht davon in Bildern. Sie deutet ein Leben bei Gott nur an. Sie spricht von dem Ort, an dem Gott abwischen wird alle Tränen von unseren Augen. Und jeder Mensch entwirft dabei sein eigenes Bild, weil jeder Mensch seine eigenen Tränen in den Augen hat. Aber die Bilder der Bibel, die das Danach aufblitzen lassen, haben eines gemeinsam: Sie malen nicht das Bild einer nicht enden wollenden Jugend, faltenfrei und körpergestylt. Sondern sie lassen dem irdischen Leben seine Höhepunkte und seine Niederlagen, seine Länge, sein Recht, seine eigenen Erfahrungen. All dies, so hoffen wir, wird aufgehoben sein in Gott. Und wir werden verwandelt werden. Es wird wohl beides sein: Wir werden dereinst bei Gott ganz andere sein, als wir jetzt sind, und wir werden dennoch die Erinnerungen, die Spuren und Narben unseres gelebten Lebens an uns tragen. Wenn wir für unser Leben nach unserem Leben Worte suchen, finden wir meist die Bilder der Poesie. Marie Luise Kaschnitz malt in ihrem Gedicht „Diese drei Tage" ein solches Bild:

Zur Beerdigung meiner
Wünsche ich mir das Tedeum
Tedeum laudamus
Den Freudengesang
Unpassender-
Passenderweise

Denn ein Totenbett
Ist ein Totenbett mehr nicht
Einen Freudensprung
Will ich tun am Ende
Hinab hinauf
Leicht wie der Geist der Rose

Marie Luise Kaschnitz

Johanna Haberer

Dezember

Du tust mir kund
den Weg zum Leben.

Psalm 16,11

Prophetie und Christentum

Ein Ausblick

Das Gesetz und die Propheten reichen bis zu Johannes. Von da an wird das Evangelium vom Reich Gottes gepredigt", lesen wir im Evangelium nach Lukas. Für ihn ist also in der Person Johannes des Täufers die Prophetie an ihr Ende gelangt.

Tatsächlich erzählen ja alle vier Evangelien, dass Gott in Jesus Christus auf die Erde gekommen ist. Als Sohn Gottes ist Jesus viel größer als jeder Prophet und jede Prophetin, sodass alle weitere Rede von Prophetie überflüssig erscheint.

Aber ist Jesus nicht doch auch ein Prophet? So nennt ihn das Volk in den Evangelien. Sich selbst stellt er in die Nachfolge der alttestamentlichen Propheten Mose und Elia. Beide erscheinen in der berühmten Sequenz von Jesu Verklärung im Matthäusevangelium und reden mit ihm. Das Gesetz, das Mose dem Volk vom Berg Sinai herabgebracht hat, legt Jesus in der Bergpredigt prophetisch aus, indem er es aktualisiert und an entscheidenden Stellen deutlich zuspitzt. Brotvermehrung und Totenerweckung durch Jesus erzählen die Evangelien durchweg so, dass die damaligen Zuhörer an ähnliche Sequenzen aus der ihnen wohlvertrauten Elia-Geschichte gedacht haben werden. Die gemeinsame Tradition lebt davon, dass Gott selber eine prophetische Gestalt erweckt, die Israel die Weisung zum Leben gibt (vgl. 5. Mose 18,18).

Die drei Lobgesänge aus dem Lukasevangelium – das Magnificat der Maria, das Benedictus von Zacharias und das Nunc dimittis von Simeon – erfüllen die Kriterien prophetischer Rede. Ihre Ansagen erinnern an die Befreiungstaten Gottes und stiften Hoffnung unter den Bedrückten.

Nach der Apostelgeschichte bewirkt das Pfingstereignis, dass alle zu Prophetinnen und Propheten werden: „Ich werde meinen Geist über alle Menschen ausgießen. Eure Söhne und Töchter werden als Propheten reden. Eure jungen Männer werden Visionen schauen, und eure Alten von Gott gesandte Träume haben." Teilansicht des Pfingstfensters von 1934 in der Kapelle der heiligen Ludmilla im Prager Veitsdom

Für Paulus ist prophetische Rede ein unverzichtbares Element der Gemeindeentwicklung: „Wer in Zungen redet, der erbaut sich selbst; wer aber prophetisch redet, der erbaut die Gemeinde", sagt Paulus (1. Korinther 14,4). Doch spricht er nun nicht mehr von einer prophetischen Rede im Sinne der alttestamentlichen Bücher. Sie geschieht nun ausschließlich im Namen Jesu, von dem Christinnen und Christen Wort und Weisung erhalten haben und weitergeben.

Regine Collien

Spiegel der Geschichte

Nachruf auf die Litfaßsäule

Am 5. Dezember vor 170 Jahren erteilte Karl Ludwig von Hinckeldey, seines Zeichens Polizeidirektor von Berlin, dem Buchdrucker Ernst Litfaß die Erlaubnis, „Anschlagssäulen zwecks unentgeltlicher Aufnahme der Plakate öffentlicher Behörden und gewerbsmäßiger Veröffentlichungen von Privatanzeigen zu errichten". Ein halbes Jahr später war es so weit: Litfaß veranstaltete einen großen Festakt zur Aufstellung der ersten 100 Säulen in Berlin. Ein Betonfundament, ein drei Meter hoher Blechzylinder, oben einen Deckel drauf, der gelegentlich noch einen gusseisernen Fries aus stilisierten Palmblättern trug – fertig war die Litfaßsäule. Spä-

Ursprünglich wollte Litfaß, den die Berliner schon bald ihren „Säulenheiligen" nannten, öffentliche Bedürfnisanstalten und Brunnen mit einer „Anschlag Säule" ummanteln. Zeitgenössische Lithografie aus dem Verlag Ernst Litfaß

tere Varianten waren vollständig aus Beton oder Kunststein und trugen verschieden geformte Hauben.

Die Idee hatte Litfaß vermutlich aus Paris mitgebracht. Dort gab es gemauerte Säulen zur Bekanntgabe von amtlichen oder gewerblichen Annoncen. Den Berliner Behörden kam Litfaß' Geschäftsidee entgegen. Dem wilden Plakatieren an Hauswänden, Toreinfahrten und Bäumen wurde ein Riegel vorgeschoben.

Litfaß' Geschäftsidee machte schnell die Runde. Bald wuchsen auch in anderen deutschen Städten die Säulen aus dem Boden. Mit ihrem Nebeneinander von amtlichen Bekanntgaben, Nachrichten und Reklame waren sie ein Massenmedium der Moderne – und schneller als jede Zeitung. Wir kennen die Bilder aus unseren Schulbüchern: ob Frontnachrichten 1914 bis 1918, Filmpremierenplakate oder Wahlaufrufe in der Weimarer Republik, NS-Propaganda oder Such- und Vermisstenmeldungen zu Kriegsende – die Litfaßsäule war immer auch ein Spiegel der Geschichte.

Inzwischen ist sie selbst Geschichte geworden. In der ganzen Republik treten an ihre Stelle digital betriebene beleuchtete Säulen, bei denen sich der Werbeträger unter einer Plexiglashülle um die eigene Achse dreht. Von den 2 500 Berliner Litfaßsäulen sind nur noch ein paar Dutzend übrig geblieben, sie stehen nun unter Denkmalschutz. Und dem Vernehmen nach hat in einigen Bezirken der Hauptstadt das wilde Plakatieren wieder deutlich zugenommen.

Antje Rommel

Weg damit! Abriss einer Litfaßsäule in Elmshorn 2020

Alle Jahre wieder

Advent in guter Hoffnung

Immer wartet in uns etwas auf seine Geburt. Immer ist das, was wir eigentlich sind, größer als das, was wir leben.

Julia könnte auch Kinder-Animateurin in Miami sein. Sie verkauft aber Reisen in Celle. Sie hätte den Blick für Architektur und das Ohr für fremde Klänge. Aber das kann sie nur ahnen. Ihre Entscheidung fiel einmal anders aus. Jede merkt, was noch möglich wäre, an den wiederkehrenden Pubertäten: Es summt in den Knochen, die Glieder wollen etwas – aber noch ohne Ziel. Ein anderer Mann hätte es auch sein können, eine andere Stadt. Eine einzige Palme im Fernsehen beißt hell ins Herz und schon ist die Fantasie unterwegs: nicht nur Reisen verkaufen, sondern selber reisen und darüber schreiben? Bin ich eigentlich noch ganz anders? Verlässlich stellen sich unter der scheinbar festen biografischen Erdkruste tektonische Verschiebungen ein. Hochhäuser und andere Lebensgebäude wackeln. In der Tiefe Magma, glühend. Gelegentlich Ausbrüche vulkanischer Natur. So ungeheuer flüssig wie der Erde Inneres, so unermesslich reich ist die Seele. Wir könnten so viel mehr als in unserem jetzigen Leben.

Christen reden mit ihrem Gott, sie sagen: „Deine Größe ist unausforschlich!" Das Gleiche gilt auch für alle. Die Größe jeder Person ist unausforschlich. Deswegen kehren in Abständen diese Wandlungen ein, auch wenn ich dachte, ich sei schon ganz schön fertig und endlich stabil. Aber fertig sind wir erst im Tod, und auch da: Wer weiß ... – vielleicht sehen wir dann die ganze Vielfalt unserer Tiefen und Gebirge. Das wäre die ungeheure Landschaft, die immer in uns wohnte und bereist werden wollte.

Wäre der Advent eine Chance, sich so etwas zu fragen? Zum Beispiel, ob ich ahne, was noch in mir steckt? Aber es war und ist richtig, das eine zu tun, sich zu entscheiden, das Überschaubare zu wählen – man wird da sonst ganz betrunken vor lauter Möglichkeiten.

Aber wenn solches Magma an die Oberfläche drängt, dann kündigt sich doch manchmal Größeres an: Da ist die 17-Jährige, die einem Mann namens Josef versprochen ist. Sie tut, was alle Mädels in der Zeit damals tun: sich auf ein Leben in einer Ehe vorbereiten, den Eltern helfen, träumen und arbeiten, was anliegt. Aber in ihr wohnen ganz andere Welten. Die erscheinen, als eines Tages ganz am Rand ihres Sehfeldes eine Figur auftaucht. Eine Palme? Eine Stimme? Etwas Helles jedenfalls, anders als alles. Mit Flügeln wohl und zum Fürchten auch. Dies andere spricht: In dir bereitet sich etwas Großes vor – oh, oh. Was soll mir das? Ich bin doch anders versprochen. Und nun das? Das Summen in den Knochen, die schlaflosen Nächte.

Eine Zeugung ist hier Bild für das, was nun wachsen will. Neun Monate wird es reifen. Bei manchen dauert es neun Jahre. Was nun geschieht, will einfach nur erwartet werden. Das Erdbeben unter den Füßen, die heiße grundlose Freude beim Aufwachen, das Weinen ohne Anlass bei der Bahnfahrt. Mir selber zuschauen, wie in mir gearbeitet wird. Warten darauf, dass etwas ausgetragen und endlich geboren wird. Marianische Existenz in guter Hoffnung.

Die kirchlichen, die anderen Zeiten wie Advent und Ostern spielen ein ernstes Spiel mit uns rund um diese grundlegenden Erfahrungen. Sie sprechen die Sprache der Seele. Jedes Jahr wiederholen sie rituell ekstatische Zustände und Engelserscheinungen.

Der Kirchen-Advent erzählt im Gottesdienst unter anderem von der 17-Jährigen mit dem Engel. In homöopathischen Dosen erinnert dieser Kreislauf an das, was immer wieder passiert. Spricht auch seltsame Worte: Horche, Gotteskind! Horch hinein in die großen Räume, die auch noch begehbar wären. Lass dich nicht zu schnell besetzen von Sachen, die dir den Horizont vernageln. Bleib „jungfräulich" empfänglich, denn immerzu kann Großes mit dir geschehen. Was dann entsteht, braucht Begleitung. Das Kind einer 17-Jährigen wird von schützenden Träumen, Schafhütern und fernen Gestalten begleitet werden. Was geboren wird, braucht Schutz – noch ist es klein. Das Gleiche gilt vielleicht auch für Familien, Dörfer, Vereine, Länder und Kontinente: Auch sie entwickeln sich in wiederholten Geburten und Umbrüchen.

Und was tut Gott? Mein Gott wächst – mit mir zusammen. Ich glaube, er ist es selbst, der in mir in diesen Wandlungen zu sich kommt. Gott wäre das Ganze meiner Möglichkeiten. Er wäre Palme, Engel, Fernweh und meine Antwort darauf. Er entstünde mit mir und jeder anderen neu. Würde sich an meiner Geburt freuen, weil er sie in mir miterlebt. Nicht nur in Jesus, sondern in Jesus als einer Art lebendem Traum. In dem könnte ich sehen: Gott wird immerzu gezeugt, ausgetragen und geboren.

Nicht jeder steckt im Advent in einer biografischen Wandlung. Aber jeder kennt so etwas. Die Zeit der Erwartung kann daran erinnern. Die Adventszeit mit ihren Riten erreicht alle jährlich in einem neuen Zustand. Nie bin ich der Gleiche wie im Vorjahr. Am Wiederholten bemerke ich meine Veränderungen. Letztes Jahr war Oma noch dabei. Letztes Jahr konnte ich vor Schmerzen nicht Rad fahren, dieses Jahr geht es wieder. Ich spüre noch die Hitze beim voreiligen Öffnen und Schließen der Heiligabend-Tür – heute kann ich warten.

Mein ganzes Leben samt allen Etappen ist plötzlich präsent in dieser Zeit.

Thomas Hirsch-Hüffell

All die Geschenke

Vor dem Fest, nach dem Fest

Mama
da ist ein jesus christus an der tür
will dich sprechen

aber kind
siehst du denn nicht
dass ich zu tun habe
all die geschenke einpacken
sag ihm
er soll nach dem fest
noch mal vorbeikommen

aus dem Notizbuch einer Jugendlichen

Das fremde Kind

Ein Weihnachtsmärchen

In einem kleinen Haus am Eingang des Waldes lebte ein armer Tagelöhner, der sich mit Holzhauen mühsam sein Brot verdiente. Er hatte eine Frau und zwei Kinder, die ihm fleißig halfen. Das Knäblein hieß Valentin und das Mädchen Marie, und sie waren gehorsam und fromm, zu der Eltern Trost und Freude.

Als die guten Leute nun eines Winterabends, da es draußen schneite und wehte, beisammensaßen und ein Stücklein Brot verzehrten, da pochte es leise ans Fenster, und ein feines Stimmchen rief: „O lasst mich ein in euer Haus, ich bin ein armes Kind und habe nichts zu essen und kein Obdach und meine schier, vor Hunger und Frost umzukommen!"

Da sprangen Valentin und Marie vom Tisch auf, öffneten die Tür und

sagten: „Komm herein, du armes Kind, wir haben selber nicht viel, aber noch immer mehr als du, und was wir haben, das wollen wir teilen."

Das fremde Kind trat ein und wärmte sich die erstarrten Glieder am Ofen, und die Kinder gaben ihm zu essen und zu trinken. Dann sagten sie: Du wirst wohl müde sein! Komm und leg dich in unser Bett, wir können auf der Bank schlafen."

So ward's getan, und die Kinder mochten kaum einige Stunden geschlafen haben, da wachte die kleine Marie auf und weckte leise ihren Bruder: „Valentin, wach auf! Hör doch die schöne Musik vor den Fenstern!"

Da rieb sich Valentin die Augen und lauschte. Es war ein wundersames Klingen und Singen, das sich vor dem Haus vernehmen ließ. Das hörten die Kinder, und sie traten ans Fenster, um zu schauen, was denn draußen geschehe. Im Osten sahen sie das Morgenrot glühen und vor dem Haus standen viele Kinder – Engel, die goldene Harfen und Lauten in den Händen hatten und mit silbernen Kleidern angetan waren.

Da berührte die Geschwister ein leiser Schlag, und als sie sich umwandten, sahen sie das fremde Kind vor sich stehen, das ein Kleid von Goldstoff trug und einen glänzenden Schein um das goldgelockte Haupt hatte, und es sprach: „Ich bin das Jesuskind, das in der Welt umherwandelt, um frommen Kindern Glück und Freude zu bringen. Ihr habt mich beherbergt diese Nacht, und ihr sollt nun meinen Segen haben."

Da brach es einen Reis vom einem Tannenbaum, der am Hause stand, und pflanzte es in den Boden und sprach: „Das Reis soll zum Baume werden und soll euch alljährlich Früchte bringen." Und alsbald verschwand es mit den musizierenden Engeln. Das Tannenreis aber schoss empor und ward zum Weihnachtsbaum, der war behangen mit goldenen Äpfeln und Silbernüssen.

Hans Christian Andersen

Neujahrsode

Bleibend aktuell: Friedenswunsch von 1633

Stelle deine Schlachten ein,
Mars, und lerne milder sein!
Tu die Waffen ab und sprich:
Hin, Schwert, was beschwerst du mich?

Dieser Helm wird nütze sein,
dass die Schwalben nisten drein,
dass man, wann der Frühling kömmt,
junge Vögel da vernimmt.

Und der brachen Erde Bauch
bedarf der Spieß' und Degen auch,
doch dass sie sehn anders aus:
Pflug und Spaten werden draus.

Tritt, was schädlich ist, beseit!
Hin, verdammte Pest und Streit!
Weg, ihr Sorgen, weg, Gefahr:
Jetzund kömmt ein neues Jahr!

Paul Fleming

Chronik

vor 100, 50, 25 Jahren

Kalendarium

2024

Chronik

1924

Vor 100 Jahren fand vom 25. Januar bis 5. Februar in Chamonix die Internationale Woche des Sports statt. Nachträglich erklärte das Internationale Olympische Komitee die Veranstaltung zu den ersten Olympischen Winterspielen.

1974

Vor 50 Jahren beschloss die Bundesregierung unter dem Eindruck der Ölpreiskrise 1973 das erste „Rahmenprogramm Energieforschung". Es bündelte Fragen der nicht nuklearen Energieversorgung, der Ölabhängigkeit und der Schadstoffemissionen.

1999

Vor 25 Jahren wurde in Berlin der Zickzackbau des amerikanischen Architekten Daniel Libeskind als dritter Teil des Jüdischen Museums eröffnet. Originalobjekte, audiovisuelle Medien und interaktive Spiele machen 1700 Jahre deutsch-jüdische Geschichte anschaulich.

Januar

Monatsspruch

Junger Wein gehört in neue Schläuche.

Markus 2,22

Mo	1	Neujahr	
Di	2		
Mi	3		
Do	4		☾
Fr	5		
Sa	6	Epiphanias/Hl. Drei Könige	
So	7	1. Sonntag n. Epiphanias	
Mo	8		
Di	9		
Mi	10		
Do	11		●
Fr	12		
Sa	13		
So	14	2. Sonntag n. Epiphanias	
Mo	15		
Di	16		
Mi	17		
Do	18		☽
Fr	19		
Sa	20		
So	21	3. Sonntag n. Epiphanias	
Mo	22		
Di	23		
Mi	24		
Do	25		○
Fr	26		
Sa	27		
So	28	Letzter Sonntag n. Epiphanias	
Mo	29		
Di	30		
Mi	31		

Chronik

1924

Vor 100 Jahren erlebte New York am 12. Februar die Uraufführung der „Rhapsody in Blue“. Der Komponist George Gershwin, der damals selbst am Klavier saß, hatte sein Werk als Versuch angekündigt, klassische Sinfonik und Jazz zu verbinden. Das Experiment wurde weltberühmt.

1974

Vor 50 Jahren nahm der Schriftsteller Heinrich Böll seinen Kollegen Alexander Solschenizyn in seinem Haus auf. Solschenizyn war damals, noch vor der Publikation seines bedeutendsten Werks „Archipel Gulag“, denunziert und sofort in den Westen abgeschoben worden.

1999

Vor 25 Jahren erhielt Steven Spielberg, der kommerziell erfolgreichste Regisseur aller Zeiten, einen Oscar für die Regiearbeit an seinem eindringlichen Antikriegsfilm „Der Soldat James Ryan“.

Februar

Monatsspruch

Alle Schrift, von Gott eingegeben, ist nütze zur Lehre, zur Zurechtweisung, zur Besserung, zur Erziehung in der Gerechtigkeit. 2. Timotheus 3,16

Do	1		
Fr	2	Mariä Lichtmess	
Sa	3		☾
So	4	Sexagesimä	
Mo	5		
Di	6		
Mi	7		
Do	8		
Fr	9		●
Sa	10		
So	11	Estomihi	
Mo	12	Rosenmontag	
Di	13	Fastnacht	
Mi	14	Aschermittwoch · Valentinstag	
Do	15		
Fr	16		☽
Sa	17		
So	18	Invokavit	
Mo	19		
Di	20		
Mi	21		
Do	22		
Fr	23		
Sa	24		○
So	25	Reminiszere	
Mo	26		
Di	27		
Mi	28		
Do	29		

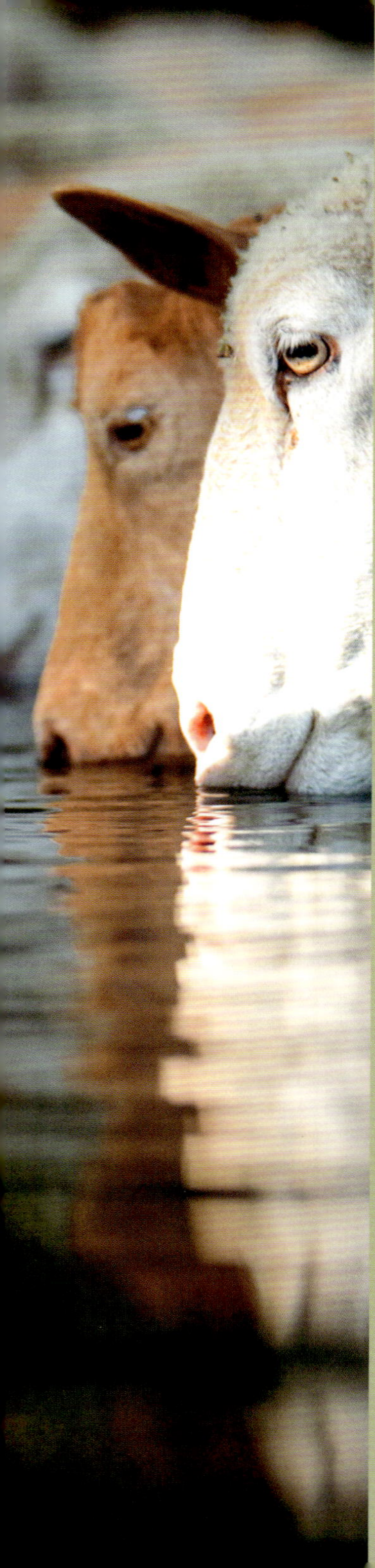

Chronik

1924

Vor 100 Jahren bewilligte das US-Repräsentantenhaus zehn Millionen Dollar zum Ankauf von Lebensmitteln für notleidende deutsche Frauen und Kinder. Die Hyperinflation in Deutschland hatte Millionen Menschen ins Elend gestürzt.

1974

Vor 50 Jahren setzte die Bundesrepublik Deutschland die Ehemündigkeit von Frauen von 16 auf 18 Jahre herauf. Hier hatte die DDR die Nase vorn: Das Ehemündigkeitsalter war schon 1955 neu geregelt worden und lag für beide Geschlechter bei 18 Jahren.

1999

Vor 25 Jahren endete der erste Ballonflug um die Erde nach knapp 20 Tagen in der ägyptischen Wüste. Der Pilot Bertrand Piccard hat damit das sogenannte letzte Abenteuer des 20. Jahrhunderts bestanden.

März

Monatsspruch

Entsetzt euch nicht! Ihr sucht Jesus von Nazareth, den Gekreuzigten. Er ist auferstanden, er ist nicht hier.

Markus 16,6

Fr	1	Weltgebetstag der Frauen	
Sa	2		
So	3	Okuli	☾
Mo	4		
Di	5		
Mi	6		
Do	7		
Fr	8		
Sa	9		
So	10	Lätare	●
Mo	11		
Di	12		
Mi	13		
Do	14		
Fr	15		
Sa	16		
So	17	Judika	☽
Mo	18		
Di	19		
Mi	20	Frühlingsanfang	
Do	21		
Fr	22		
Sa	23		
So	24	Palmsonntag	
Mo	25		○
Di	26		
Mi	27		
Do	28	Gründonnerstag	
Fr	29	Karfreitag	
Sa	30	Karsamstag	
So	31	Ostersonntag	

Chronik

1924

Vor 100 Jahren wurde am 21. April Johannes Kuhn geboren. Der gelernte Bäcker studierte nach dem Krieg evangelische Theologie, arbeitete bei Funk und Fernsehen und versammelte mit seiner ZDF-Reihe „Pfarrer Johannes Kuhn antwortet“ ein großes Fernsehpublikum vor dem Bildschirm.

1974

Vor 50 Jahren gewann die schwedische Popgruppe Abba mit ihrem Song „Waterloo“ den Grand Prix de la Chanson. Acht Jahre später legte die Formation eine „Pause“ ein. 2021 gelang ihr ein „virtuelles“ Comeback im Internet, an dem die Bandmitglieder persönlich als Zuschauer teilnahmen.

1999

Vor 25 Jahren ging die bis dahin größte Spendenaktion in der Geschichte der Bundesrepublik zu Ende: Über 150 Millionen D-Mark kamen zusammen. Bestimmt waren sie für die Menschen, die wegen des Kosovo-Konflikts aus ihrer Heimat fliehen mussten.

April

Monatsspruch

Seid stets bereit, jedem Rede und Antwort zu stehen, der von euch Rechenschaft fordert über die Hoffnung, die euch erfüllt. 1. Petrus 3,15

Mo	1	Ostermontag	
Di	2		☾
Mi	3		
Do	4		
Fr	5		
Sa	6		
So	7	Quasimodogeniti · Weißer Sonntag	
Mo	8		●
Di	9		
Mi	10		
Do	11		
Fr	12		
Sa	13		
So	14	Miserikordias Domini	
Mo	15		☽
Di	16		
Mi	17		
Do	18		
Fr	19		
Sa	20		
So	21	Jubilate	
Mo	22		
Di	23		
Mi	24		○
Do	25		
Fr	26		
Sa	27		
So	28	Kantate	
Mo	29		
Di	30		

Chronik

1924

Vor 100 Jahren begann die Rundfunkarbeit der evangelischen Kirche in Deutschland mit Andachten, Morgenfeiern und Gottesdiensten. Kritik kam sogleich aus den eigenen Reihen: Den Hörenden fehle die Verortung in der Gemeinde, der Kirchgang sei gefährdet.

1974

Vor 50 Jahren wählte der Deutsche Bundestag Helmut Schmidt zum Bundeskanzler. Schmidts Vorgänger Willy Brandt hatte sein Amt niedergelegt, nachdem sein persönlicher Referent Günter Guillaume als DDR-Spion enttarnt worden war.

1999

Vor 25 Jahren stellte das Den Haager Internationale Kriegsverbrecher-Tribunal Slobodan Milošević wegen Kriegsverbrechen unter Anklage. Der frühere Präsident von Jugoslawien wurde nie verurteilt, weil er 2006 vor Abschluss des Verfahrens in U-Haft starb.

Mai

Monatsspruch

Alles ist mir erlaubt, aber nicht alles dient zum Guten. Alles ist mir erlaubt, aber nichts soll Macht haben über mich.

1. Korinther 6,12

Mi	1	Maifeiertag	☾
Do	2		
Fr	3		
Sa	4		
So	5	Rogate	
Mo	6		
Di	7		
Mi	8		●
Do	9	Christi Himmelfahrt	
Fr	10		
Sa	11		
So	12	Exaudi · Muttertag	
Mo	13		
Di	14		
Mi	15		☽
Do	16		
Fr	17		
Sa	18		
So	19	Pfingstsonntag	
Mo	20	Pfingstmontag	
Di	21		
Mi	22		
Do	23		○
Fr	24		
Sa	25		
So	26	Trinitatis	
Mo	27		
Di	28		
Mi	29		
Do	30	Fronleichnam	☾
Fr	31		

Chronik

1924

Vor 100 Jahren starb Franz Kafka an den Folgen einer Lungenerkrankung. Das Werk des vielleicht berühmtesten deutschsprachigen Erzählers der Moderne beschäftigt bis heute Legionen von Interpreten.

1974

Vor 50 Jahren wurde das Lebensmittelrecht umfassend reformiert. Verboten ist seither jegliche Werbung für Tabakwaren in Funk und Fernsehen, außerdem wurde der Schutz der Verbraucher vor Täuschungen und gesundheitlichen Schäden gestärkt.

1999

Vor 25 Jahren beschloss der Bundestag, das Holocaust-Mahnmal des amerikanischen Architekten Peter Eisenman zu realisieren. Nach heftigen politischen Debatten um den Stelenwald südlich des Brandenburger Tors und um die „richtige" Form des Gedenkens ist das Mahnmal längst selbstverständlicher Bestandteil des Berliner Stadtlebens geworden.

Juni

Monatsspruch

Mose sagte: Fürchtet euch nicht! Bleibt stehen und schaut zu, wie der Herr euch heute rettet!

Exodus 14,13

Sa	1		
So	2	1. Sonntag n. Trinitatis	
Mo	3		
Di	4		
Mi	5		
Do	6		●
Fr	7		
Sa	8		
So	9	2. Sonntag n. Trinitatis	
Mo	10		
Di	11		
Mi	12		
Do	13		
Fr	14		☽
Sa	15		
So	16	3. Sonntag n. Trinitatis	
Mo	17		
Di	18		
Mi	19		
Do	20	Sommeranfang	
Fr	21		
Sa	22		○
So	23	4. Sonntag n. Trinitatis	
Mo	24	Johannistag	
Di	25		
Mi	26		
Do	27		
Fr	28		☾
Sa	29	Peter und Paul	
So	30	5. Sonntag n. Trinitatis	

Chronik

1924

Vor 100 Jahren wurde der Schriftsteller Ernst Toller wegen seiner Beteiligung an der Münchener Räterepublik zu fünf Jahren Festungshaft verurteilt, entlassen und aus Bayern ausgewiesen. In Berlin empfing ihn eine jubelnde Menschenmenge. Toller ging 1933 ins Exil und nahm sich 1939 in New York das Leben.

1974

Vor 50 Jahren gelangte die DFB-Auswahl zum zweiten Mal nach zwanzig Jahren wieder an die Weltspitze. Im WM-Endspiel schaffte Paul Breitner den 1:1-Ausgleich und Gerd Müller gelang der Siegtreffer. Autobahnen und Straßen in der Bundesrepublik waren damals wie leergefegt.

1999

Vor 25 Jahren zog Johannes Rau als achter Bundespräsident ins Schloss Bellevue ein. „Bruder Johannes", wie ihn Freunde wohlwollend und Kritiker spöttisch nannten, betonte stets seine Nähe zum Christentum und stellte Tugenden wie Verantwortungsbewusstsein und Mitmenschlichkeit immer wieder in den Mittelpunkt seiner Reden.

Juli

Monatsspruch

Du sollst dich nicht der Mehrheit anschließen, wenn sie im Unrecht ist. Exodus 23,2

Mo	1		
Di	2		
Mi	3		
Do	4		
Fr	5		●
Sa	6		
So	7	6. Sonntag n. Trinitatis	
Mo	8		
Di	9		
Mi	10		
Do	11		
Fr	12		
Sa	13		☽
So	14	7. Sonntag n. Trinitatis	
Mo	15		
Di	16		
Mi	17		
Do	18		
Fr	19		
Sa	20		
So	21	8. Sonntag n. Trinitatis	○
Mo	22		
Di	23		
Mi	24		
Do	25		
Fr	26		
Sa	27		
So	28	9. Sonntag n. Trinitatis	☾
Mo	29		
Di	30		
Mi	31		

Chronik

1924

Vor 100 Jahren starb der englische Schriftsteller Joseph Conrad. In den Kolonialismus-Debatten der letzten Jahre ist vor allem sein Buch „Herz der Finsternis" von 1899 wiederentdeckt worden: eine albtraumhafte Flussreise im Kongo bildet den erzählerischen Rahmen für Conrads Auseinandersetzung mit europäischem Kolonialismus und Rassismus in Afrika.

1974

Vor 50 Jahren musste der US-amerikanische Präsident Richard Nixon aufgrund der „Watergate-Affäre" zurücktreten. Nixon ist einmal vorgehalten worden, dass er die USA zu einem Land der Verleumdung und Einschüchterung gemacht habe. Das Beispiel Donald Trump gibt diesem Vorwurf leider recht.

1999

Vor 25 Jahren ernannte der russische Präsident Jelzin seinen Geheimdienstchef Wladimir Putin zum Ministerpräsidenten. Binnen weniger Jahre war Russland in der Hand einer kleinen Führungsclique, die das Land ausplünderte und nach außen auf militärische Gewalt setzte. 2022 befahl Putin den Einmarsch in die Ukraine. Die Welt ist seither eine andere.

August

Monatsspruch

Der Herr heilt, die zerbrochenen Herzens sind,
und verbindet ihre Wunden.
Psalm 147,3

Do	1		
Fr	2		
Sa	3		
So	4	10. Sonntag n. Trinitatis • Israelsonntag	●
Mo	5		
Di	6		
Mi	7		
Do	8		
Fr	9		
Sa	10		
So	11	11. Sonntag n. Trinitatis	
Mo	12		☽
Di	13		
Mi	14		
Do	15	Mariä Himmelfahrt	
Fr	16		
Sa	17		
So	18	12. Sonntag n. Trinitatis	
Mo	19		○
Di	20		
Mi	21		
Do	22		
Fr	23		
Sa	24		
So	25	13. Sonntag n. Trinitatis	
Mo	26		☾
Di	27		
Mi	28		
Do	29		
Fr	30		
Sa	31		

Chronik

1924

Vor 100 Jahren lehnte das bayerische Innenministerium einen Antrag der Landespolizei auf Ausweisung Adolf Hitlers nach Österreich ab – die vielleicht erste von vielen weiteren politischen Entscheidungen, die den Weg Hitlers ins deutsche Kanzleramt geebnet haben.

1974

Vor 50 Jahren schlossen die Bundesrepublik und die Sowjetunion einen langfristigen Vertrag über Erdgaslieferungen. Der Energieträger war so günstig, dass niemand hierzulande ernsthaft eine Diversifizierung auf dem Energiesektor in Erwägung zog – bis zum russischen Angriff auf die Ukraine.

1999

Vor 25 Jahren musste sich die katholische Kirche auf Weisung aus Rom aus der gesetzlichen Schwangerschaftskonfliktberatung zurückziehen. Die Bistümer ordneten die Beratungstätigkeit neu, um die Arbeit fortzusetzen. Einen Beratungsschein durften sie aber nicht mehr ausstellen.

September

Monatsspruch

Bin ich nur ein Gott, der nahe ist, spricht der Herr, und nicht auch ein Gott, der ferne ist?

Jeremia 23,23

So	1	14. Sonntag n. Trinitatis	
Mo	2		
Di	3		●
Mi	4		
Do	5		
Fr	6		
Sa	7		
So	8	15. Sonntag n. Trinitatis	
Mo	9		
Di	10		
Mi	11		☽
Do	12		
Fr	13		
Sa	14		
So	15	16. Sonntag n. Trinitatis	
Mo	16		
Di	17		
Mi	18		○
Do	19		
Fr	20		
Sa	21		
So	22	17. Sonntag n. Trinitatis	
Mo	23	Herbstanfang	
Di	24		☾
Mi	25		
Do	26		
Fr	27		
Sa	28		
So	29	18. Sonntag n. Trinitatis · Michaelistag	
Mo	30		

Chronik

1924

Vor 100 Jahren verabschiedete der Völkerbund in Genf ein Protokoll, das Angriffskriege ächtete. Es scheiterte jedoch am Widerstand des Vereinigten Königreichs. Ein zweiter Versuch war der Briand-Kellogg-Pakt von 1928, den auch das Deutsche Reich unterzeichnete. Den Zweiten Weltkrieg hat er nicht verhindert.

1974

Vor 50 Jahren eröffnete der schwedische Möbelkonzern Ikea in Eching bei München seine erste deutsche Niederlassung. Inzwischen ist Ikea ist so bekannt, dass das deutsche Recht einen Paragraphen Ikea-Klausel nennt: Ist eine Montageanleitung fehlerhaft und kommt es beim Aufbau zu Beschädigungen, kann die Ware beanstandet werden.

1999

Vor 25 Jahren verkündete der sogenannte Bevölkerungsfonds der Vereinten Nationen den „Tag der sechs Milliarden". Seither ist die Milliardengrenze schon zweimal überschritten worden. Heute beläuft sich die Weltbevölkerung auf über acht Milliarden Menschen.

Oktober

Monatsspruch

Die Güte des Herrn ist's, dass wir nicht gar aus sind, seine Barmherzigkeit hat noch kein Ende, sondern sie ist alle Morgen neu, und deine Treue ist groß. Klagelieder 3,22-23

Di	1		
Mi	2		●
Do	3	Tag d. Dt. Einheit	
Fr	4		
Sa	5		
So	6	19. Sonntag n. Trinitatis · Erntedankfest	
Mo	7		
Di	8		
Mi	9		
Do	10		☽
Fr	11		
Sa	12		
So	13	20. Sonntag n. Trinitatis	
Mo	14		
Di	15		
Mi	16		
Do	17		○
Fr	18		
Sa	19		
So	20	21. Sonntag n. Trinitatis	
Mo	21		
Di	22		
Mi	23		
Do	24		☾
Fr	25		
Sa	26		
So	27	22. Sonntag n. Trinitatis	
Mo	28		
Di	29		
Mi	30		
Do	31	Reformationstag	

Chronik

1924

Vor 100 Jahren erschien im S. Fischer Verlag in Berlin Thomas Manns „Zauberberg". Der umfangreiche Roman über Zeit, Krankheit und Tod begeisterte die Leserschaft. Weniger erfreut waren Schriftstellerkollegen, die sich im Romanpersonal wiedererkannten, wie zum Beispiel Gerhart Hauptmann, der sich über den geschwätzigen Mynheer von Peeperkorn außerordentlich ärgerte.

1974

Vor 50 Jahren starb der RAF-Häftling Holger Meins im Alter von 33 Jahren an den Folgen seines Hungerstreiks. In mehreren bundesdeutschen Städten kam es zu Protestdemonstrationen und Anschlägen. Der Vorwurf, dass nicht genügend getan worden sei, um sein Leben zu retten, ist bis heute nicht verstummt.

1999

Vor 25 Jahren kamen „Sonnenallee" und „Helden wie wir", zwei Filmkomödien über Jugend und Aufbruch in der DDR, in die Kinos. In der Kritik stießen sie auf ein geteiltes Echo. Die einen tadelten die politische Unbekümmertheit, andere lobten die bizarre Film-Charakteristik des DDR-Alltags.

November

Monatsspruch

Wir warten aber auf einen neuen Himmel und eine neue Erde nach seiner Verheißung, in denen Gerechtigkeit wohnt.

2. Petrus 3,13

Fr	1	Allerheiligen	●
Sa	2	Allerseelen	
So	3	23. Sonntag n. Trinitatis	
Mo	4		
Di	5		
Mi	6		
Do	7		
Fr	8		
Sa	9		☽
So	10	Drittletzter Sonntag des Kirchenjahres	
Mo	11		
Di	12		
Mi	13		
Do	14		
Fr	15		○
Sa	16		
So	17	Vorletzter Sonntag des Kirchenjahres · Volkstrauertag	
Mo	18		
Di	19		
Mi	20	Buß- und Bettag	
Do	21		
Fr	22		
Sa	23		☾
So	24	Letzter Sonntag des Kirchenjahres · Ewigkeitssonntag	
Mo	25		
Di	26		
Mi	27		
Do	28		
Fr	29		
Sa	30		

Chronik

1924

Vor 100 Jahren wurde in Berlin die erste Funkausstellung durch Reichspräsident Friedrich Ebert eröffnet. Die Leistungsschau präsentierte technische Innovationen und Neuheiten aus dem Bereich der Unterhaltungs- und Funkindustrie. Kriegsbedingt pausierte sie 1940–1949, wanderte nach Düsseldorf und Frankfurt ab und kehrte 1960 wieder nach Berlin (West) zurück.

1974

Vor 50 Jahren gab die DDR bekannt, dass Personen unter 14 Jahren sowie Rentnerinnen und Rentner vom Mindestumtausch bei Einreise in die DDR und Ostberlin befreit würden. Der Zwangsumtausch verhalf der DDR-Führung zu dringend benötigten Devisen, mit denen wiederum Zins- und Tilgungsraten für internationale Kredite bezahlt werden konnten.

1999

Vor 25 Jahren ging der Friedensnobelpreis an die Organisation „Ärzte ohne Grenzen". Diese größte medizinische Nothilfe-Initiative engagiert sich in Kriegs- und Krisengebieten rund um den Globus. Ihre Einnahmen stammen nahezu vollständig aus privaten Spenden.

Dezember

Monatsspruch

Mache dich auf, werde licht; denn dein Licht kommt, und die Herrlichkeit des Herrn geht auf über dir!

Jesaja 60,1

So	1	1. Advent	●
Mo	2		
Di	3		
Mi	4		
Do	5		
Fr	6	Nikolaus	
Sa	7		
So	8	2. Advent	☽
Mo	9		
Di	10		
Mi	11		
Do	12		
Fr	13		
Sa	14		
So	15	3. Advent	○
Mo	16		
Di	17		
Mi	18		
Do	19		
Fr	20		
Sa	21	Winteranfang	
So	22	4. Advent	☾
Mo	23		
Di	24	Heiligabend	
Mi	25	1. Weihnachtstag	
Do	26	2. Weihnachtstag	
Fr	27		
Sa	28		
So	29	1. So. n. Weihnachten	
Mo	30		●
Di	31	Silvester	

Textnachweis

Seite 9: Markus Engelhardt, Gedanken zur Jahreslosung 2024, © Agentur des Rauhen Hauses Hamburg 2023; **Seite 18:** Robert Huefner, Pfennige und Silberlinge, © Agentur des Rauhen Hauses Hamburg 2023; **Seite 22:** Ute Niethammer, Früher ..., © bei der Autorin; **Seite 32:** Claudia Margraf, 50 Jahre Playmobil, © Agentur des Rauhen Hauses Hamburg 2023; **Seite 47:** Lydia Diehl, Das Leben ist ein Geschenk!, © Agentur des Rauhen Hauses Hamburg 2023; **Seite 56:** Charlotte Feldt, Du meine Seele, singe!, © bei der Autorin; **Seite 60:** Monika Scharpe, Finden statt Suchen, © Agentur des Rauhen Hauses Hamburg 2023; **Seite 68:** Günter Helle, Drei in Eins und Eins in Drei, © Agentur des Rauhen Hauses Hamburg 2023; **Seite 71:** Horst Hufinck, Trägheit des Herzens, © beim Autor; **Seite 73:** Constanze Born, Evangelische Freiheit, © Agentur des Rauhen Hauses Hamburg 2023; **Seite 82:** Annedore Hohensteiner, Verlierer sein. Und trotzdem: Gott hört nicht auf, uns zu suchen, © bei der Autorin; **Seite 84:** Katharina Schiegg, Die Waffen nieder!, © Agentur des Rauhen Hauses Hamburg 2023; **Seite 93:** Johannes Siebold, Berührungsängste, © beim Autor; **Seite 97:** Susanne Rasser, Morgenspaziergang, in: Dies.: Atme den Himmel. Gedichte, dahlemer verlagsanstalt, Berlin 2022, © bei der Autorin; **Seite 106:** Peter Cordtmann, Gestimmte Räume, © Agentur des Rauhen Hauses Hamburg 2023; **Seite 116:** Veronika Bremer, Durchkreuzte Erwartungen, © Agentur des Rauhen Hauses Hamburg 2023; **Seite 128:** Markus Engelhardt, Vertraut den neuen Wegen, © beim Autor; **Seite 131:** Martin Hüls, Herbst des Lebens, © beim Autor; **Seite 139:** Alexandra Roth, Der schiefe Turm von Suurhusen, © Agentur des Rauhen Hauses Hamburg 2023; **Seite 140:** Stefan Jassoy, Hin und her geschleudert wie ein Billardball, © beim Autor; **Seite 152:** Antje Rommel, Spiegel der Geschichte, © Agentur des Rauhen Hauses Hamburg 2023; **Seite 157:** All die Geschenke, © Agentur des Rauhen Hauses Hamburg 2023.

Sämtliche Texte von Regine Collien © Agentur des Rauhen Hauses Hamburg 2023.

Die Bibelzitate sind entnommen aus: Lutherbibel, revidierter Text 2017. © 2016 Deutsche Bibelgesellschaft, Stuttgart.

Die Orthografie folgt den Regeln der neuen Rechtschreibung, jedoch haben wir, wenn es uns angezeigt schien, Originalzitate und historische Texte im überlieferten Zustand belassen.

Bildnachweis

Titel: © iStockphoto.com/agsandrew; **Seite 8:** © Agentur des Rauhen Hauses Hamburg, Jahreslosung 2024, Motiv: Kreuz und Herz; **Seite 15:** © P. Lameiro, CC BY-SA 4.0, via Wikimedia Commons; **Seite 16/17:** © Markus/stock.adobe.com; **Seite 20:** © Raimond Spekking, CC BY-SA 4.0, via Wikimedia Commons; **Seite 22:** © LiliGraphie/stock.adobe.com; **Seite 24/25 und 168:** © Oligo/stock.adobe.com; **Seite 28/29:** © lucky sky 1911/stock.adobe.com; **Seite 30/31:** © stootsy/stock.adobe.com; **Seite 32:** © Anne Kuhn; **Seite 35:** © Ruud Morijn/stock.adobe.com; **Seite 36/37 und 170:** © riccardo bruni/stock.adobe.com; **Seite 42/43:** © Piotr Krzeslak/stock.adobe.com; **Seite 47:** © Tunatura/stock.adobe.com; **Seite 51:** © jorisvo/stock.adobe.com; **Seite 52/53:** © pamela_d_mcadams/stock.adobe.com; **Seite 54/55:** © ruslan_khismatov/stock.adobe.com; **Seite 57:** © nataba/stock.adobe.com; **Seite 59:** © YAOWARAT/stock.adobe.com; **Seite 61:** © Jwslubbock, CC BY-SA 4.0, via Wikimedia Commons; **Seite 62/63 und 174:** © thanatphoto/stock.adobe.com; **Seite 65:** © Reinhold Möller, CC BY-SA 4.0, via Wikimedia Commons; **Seite 66/67:** © eyetronic/stock.adobe.com; **Seite 67:** © Maya Kruchancova/stock.adobe.com; **Seite 68 oben:** © Chabe01, CC BY-SA 4.0, via Wikimedia Commons; **Seite 68 unten:** © Stefan Flöper, CC BY-SA 4.0, via Wikimedia Commons; **Seite 69:** © Alexander Reuss, CC BY 3.0, via Wikimedia Commons; **Seite 70:** © Jürgen Howaldt, CC BY-SA 2.0 DE, via Wikimedia Commons; **Seite 74/75 und 176:** © mirkograul/stock.adobe.com; **Seite 82:** © pamela_d_mcadams/stock.adobe.com; **Seite 86/87 und 178:** © Odua Images/stock.adobe.com; **Seite 89:** © GFreihalter, CC BY-SA 3.0, via Wikimedia Commons; **Seite 91:** © Jörg Blobelt, CC BY-SA 4.0, via Wikimedia Commons; **Seite 96/97:** © uschi dreiucker/pixelio.de; **Seite 98/99 und 180:** © Delphotostock/stock.adobe.com; **Seite 104/105:** © Andrew/stock.adobe.com; **Seite 106 Hintergrund:** © PackShot/stock.adobe.com; **Seite 109 oben:** © Xavier/stock.adobe.com; **Seite 109 unten:** © Gresei/stock.adobe.com; **Seite 110/111 und 182:** © Rasulov/stock.adobe.com; **Seite 115:** © iStockphoto.com/BoValentino; **Seite 120/121:** © Choat/stock.adobe.com; **Seite 121:** © 75tiks/stock.adobe.com; **Seite 125:** © Ladymantequilla, CC BY-SA 3.0, via Wikimedia Commons; **Seite 127:** © iStockphoto.com/RelaxFoto.de; **Seite 128/129:** © Givaga/stock.adobe.com; **Seite 130:** © Raphaël Thiémard from Belgique, CC BY-SA 2.0, via Wikimedia Commons; **Seite 133:** © focus finder/stock.adobe.com; **Seite 134:** © eyetronic/stock.adobe.com; **Seite 135 oben:** © Reinhard Dietrich, CC BY-SA 4.0, via Wikimedia Commons; **Seite 135 unten:** © Berthold Werner, CC BY-SA 3.0, via Wikimedia Commons; **Seite 136/137 und 186:** © serazor/stock.adobe.com; **Seite 139 (beide):** © Matthieu Perona, CC BY 3.0, via Wikimedia Commons; **Seite 141:** © Arnoldius, CC BY-SA 2.5, via Wikimedia Commons; **Seite 144:** © jiriviehmann/stock.adobe.com; **Seite 145:** © Scisetti Alfio/stock.adobe.com; **Seite 146/147:** © PopsaArts/stock.adobe.com; **Seite 150/151 und 188:** © alexkich/stock.adobe.com; **Seite 153:** © Dennis Jarvis from Halifax, Canada, CC BY-SA 2.0, via Wikimedia Commons; **Seite 155:** © Homerdini, CC BY-SA 4.0, via Wikimedia Commons; **Seite 156:** © New Africa/stock.adobe.com; **Seite 160:** © Ivan Kmit/stock.adobe.com; **Seite 162/163:** © Luka/stock.adobe.com; **Seite 164/165:** © Anne Kuhn. **Alle anderen:** © Public Domain.

Da die Texte und Bilder für diesen Band über einen längeren Zeitraum hinweg gesammelt wurden, ist es uns möglicherweise nicht in allen Fällen gelungen, die derzeitigen Rechteinhaber zu ermitteln. Ggf. bitten wir Urheber oder Verlage, mit uns Verbindung aufzunehmen.